Por escribirse:

"Estoy tan contento de que Por escribirse ha sido escrito. Este libro, lleno de pequeños consejos y grandes ideas, puede cambiar la manera en que piensas acerca de las decisiones diarias, así como sobre las decisiones importantes de la vida. La voz sincera de Jofi y sus historias personales te ayudarán a encontrar tu voz auténtica y trazar tu historia de vida."

—Dr. Tal Ben-Shahar

Autor de *La búsqueda de la felicidad (Happier)*

"La introspección de lo que hace una vida plena y feliz te dará las claves para encontrar tu propio camino. Este ligero, profundo, divertido libro emocionará tu corazón y ofrecerá una nueva perspectiva de lo que realmente quieres en la vida."

—Christine Comaford

Coach de Liderazgo y Cultura y autor de *Rules for Renegades and Smart Tribes*, un 'best-seller' segun *The New York Times*

"Jofi es auténtico y honesto y tiene un deseo intenso de ser una fuerza positiva en el mundo. Este libro es Jofi en forma pura. Si el signo de un buen líder es predicar con su ejemplo, este libro es un gran ejemplo que sin duda abre la puerta del alma de Jofi. Él nos hace preguntas fundamentales: ¿Qué harías si tuvieras todo el dinero y tiempo en el mundo? Podemos aprender de la trayectoria de Jofi a la felicidad y el servicio y, como prueba Jofi, ambos van de la mano. Muy recomendable."

—Juan Antonio Fernandez

Profesor de Gestión en China Europe Business School, Shanghai, China y autor de *China CEO* y *China Entrepreneur*

"Este libro es un análisis provocativo de los desafíos que enfrentamos en este mundo cambiante y competitivo. Jofi dice las cosas como son y, al hacerlo, conduce al lector a examinar su propósito en la vida y si hay un significado en él. Él está totalmente convencido de que, al seguir tu pasión, todo lo demás caerá en su lugar. Él ha tomado ese riesgo, el cual lo colocó en un mar de incertidumbre, y describe ese hecho al lector de una manera directa y honesta."

—DR. JOACHIM DE POSADA
Conferencista internacional y autor de
Don't Eat the Marshmallow...Yet

JOFI BALDRICH

Por escribirse:

Una historia de
cómo vivir una vida
con más significado
y felicidad

Publicado por Advantage, Charleston, Carolina del Sur.
Miembro de Advantage Media Group.

ADVANTAGE es una marca registrada y el Advantage colofón es una marca registrada de Advantage Media Group, Inc.

Impreso en los Estados Unidos de América.

ISBN: 978-159932-450-0
LCCN: 2013948563

Advantage Media Group se enorgullece de ser parte del programa Tree Neutral®. Tree Neutral compensa el número de árboles consumidos en la producción e impresión de este libro, tomando medidas como la plantación de árboles en directo proporción al número de árboles utilizados para imprimir libros. Para aprender más sobre Tree Neutral, por favor visite www.treeneutral.com. Para aprender más sobre el compromiso de Advantage de ser un administrador responsable del medio ambiente, por favor visite www.advantagefamily.com/ green.

Advantage Media Group es un publicador de libros de negocios, superación personal, desarrollo profesional, y aprendizaje en línea. Ayudamos a empresarios, líderes empresariales, y profesionales compartir sus historias, pasión y conocimiento para ayudar a otros a aprender y crecer. ¿Tienes una idea para un manuscrito o libro para nuestra consideración y publicación? Por favor visite advantagefamily.com o llame al 1.866.775.1696.

A mami y papi
Gracias…por todo.

A Greta, mi increíble y hermosa esposa.
Gracias por creer en mí, aun cuando yo no creí en mí mismo

¿Quién es Jofi?

Cuando la mayoría de la gente oye mi nombre, Jofi, por primera vez, se preguntan si lo han oído bien. Algunos me preguntan de dónde viene. Otros preguntan si es un nombre español que no han oído antes.

Siempre inicia una conversación.

Como todo en la vida, hay una historia detrás de él. Y es parte de la historia más larga que voy a contarte, la de cómo llegué a escribir este libro.

Mi verdadero nombre es José Fernando. Mi madre inventó mi apodo, Jofi, abreviando y combinando mis nombres.

Hay una pequeña lección en mi nombre insólito. Toda mi vida he sido llamado simplemente "Jofi". Nadie me llama José ni José Fernando. Incluso mi tarjeta de presentación dice "Jofi Baldrich". El informal se me convirtió en el formal. Me refiero a mí mismo como Jofi para todo. A menos que sea un documento legal que tengo que firmar con un abogado o algo así, siempre voy por Jofi. Recuerdo que yo quería que el nombre de mi diploma de mi escuela secundaria, Colegio San Ignacio de Loyola en San Juan, Puerto Rico, leyera Jofi Baldrich. Alguien en la escuela dijo que no, que tendría que ser mi verdadero nombre completo, así que no tuve más remedio que darme por vencido, al menos en ese entonces. Pero ya no más. Como adulto he tenido algo que decir en cómo serían las cosas para mí en mis propios términos, y siempre ha sido Jofi para todo lo que hago. Lo mejor de todo, y lo que he pensado siempre que ha sido especialmente interesante de este nombre, es que es todo mío. Yo soy el único Jofi. Por lo menos, no he oído hablar de nadie más nombrado Jofi. Es bastante único y se escribe simplemente.

—J-O-F-I—así que me gusta.

En un nivel más profundo, creo que mi nombre refleja lo cómodo y seguro que estoy conmigo mismo, algo que solo ahora he comenzado a aprender. Y esa es una pequeña historia que forma parte de la historia más grande de cómo llegué a estar más cómodo con todo lo que yo quería hacer y con los caminos y decisiones que he tomado en la vida desde la niñez a la edad adulta.

Todo eso es la historia narrada en este libro, el que ahora tienes en tus manos.

UNA INFLUENCIA ATLÉTICA

Hace unos años mi familia vendió nuestro negocio de seguros. Con ese cambio de circunstancias me di cuenta de muchas cosas nuevas. He reflexionado sobre mi vida entera y la forma en que he vivido. Esto ha incluido mirar quién realmente era, y ser más como mi verdadero ser, el verdadero yo, el más auténtico yo. Todo esto ha ocurrido desde que vendimos el negocio en 2006. Me ha dado tiempo para pensar sobre las cosas, junto con una nueva libertad que nunca antes había sentido. Me ha llevado a un nuevo camino de autodescubrimiento.

Siempre he sido muy atlético. De hecho, vengo de una familia de atletas. Mi padre era un atleta excelente y un árbitro de baloncesto muy bueno. En un punto de su vida probablemente fue considerado uno de los mejores árbitros de baloncesto en el mundo. Él ha estado en los Juegos Olímpicos, Mundobasket, los Juegos Panamericanos, los Juegos Deportivos Centroamericanos y muchos otros eventos deportivos a nivel mundial. Él fue bien conocido por eso. El otro día, en el juego de baloncesto de mi hijo, alguien se me acercó y me preguntó si yo era hijo de mi padre. Este hombre había arbitrado con mi padre hacía más de treinta años. Él me dijo, "Bueno, envía mis mejores deseos a tu padre y dile que es el mejor árbitro del mundo". Mi padre siempre ha sido muy respetado. Es alguien a quien la gente recuerda mucho después de conocerlo. Me parezco mucho a él, pero ser como él es aún más importante para mí.

Mi padre tuvo la oportunidad de ser árbitro de baloncesto de la Asociación Nacional de Baloncesto (NBA, por sus siglas en inglés). Hay una gran historia detrás de eso, pero eso es para otro libro. Lo principal es que me siento muy orgulloso de él. Mi padre es un tremendo atleta. Una parte importante de su éxito es que a él siempre le gustaba ganar. Me crié en una familia en la que todos jugamos a los deportes y éramos muy competitivos. Nuestra competitividad y deseo de siempre estar en nuestro mejor nivel como individuo— y en nuestro mejor nivel como familia—se transfirió al mundo de los negocios cuando trabajaba con mi padre en nuestra empresa de seguros.

Esa forma de vida me impactó profundamente y me ha hecho quien soy de una manera positiva. Sin embargo, como con todo lo relacionado con las familias, hay muchos aspectos de este sentimiento de intensa competencia. Al mirar hacia atrás, siento que he saldado mi deuda emocional en la empresa familiar. Hay momentos en que trabajar en la empresa familiar es lo lógico, el ¿"por qué no"?

SIGUIENDO LA EMPRESA FAMILIAR

No es que lamento el trabajo que hicimos juntos, pero mi experiencia me lleva a preguntar si el haber trabajado en el negocio de la familia era realmente el camino que quería tomar. ¿Habrá sido una decisión bien pensada, algo que en verdad quería hacer? Es muy probable que mi reflexión sobre todo estos asuntos solo ocurrió después de que habíamos vendido el negocio.

Fue entonces cuando me di cuenta de que podía hacer lo que quería. Las cosas que pospuse debido a las responsabilidades familiares, por ser el hijo bueno, las podía hacer ahora. Por primera vez sentí que podía tomar decisiones por mi cuenta sin preocuparme de lo que otros estaban pensando de mí y sin preocuparme de que fuera a decepcionar a alguien. Fue una decisión difícil para mí, y a veces me sentía solitario y temeroso. No había enfrentado una situación como esa antes, pero con el apoyo de mi familia y amigos pude tomar la decisión correcta para mí. La elección que hice fue lo que me motivó a escribir el libro que ahora tienes en tus manos. Quiero compartir mi camino con otros para que puedan aprender de mis experiencias. Espero que esto contribuya a hacerle el camino más fácil a otros.

Quiero compartir mi camino con otros para que puedan aprender de mis experiencias.

Creo que mucha gente ha pasado por lo mismo que yo, sobre todo con las empresas de sus familias. Es muy bueno si tu abuelo comenzó un negocio y tu padre siguió el negocio y tú y tu hijo también siguieron el negocio. Esa es una historia agradable de escuchar, al estilo de algunos programas de televisión como *Dallas*. Pero la pregunta es, ¿por qué tenemos que hacer esto? ¿Debemos presionar a los niños a estar en el negocio de la familia si no es ahí donde están sus corazones, si no es ahí donde se encuentran sus pasiones?

Mira, una empresa familiar es maravillosa para crear una base de estabilidad. Creo que es una gran opción si una familia tiene esa suerte, y nunca me crié con alguna carencia o necesidad. Es una oportunidad increíble para los niños que tienen ese camino por delante, pero creo que no deberían ser empujados. Creo que deberían ser animados, si eso es lo que quieren. Me encantaría si mis hijos siguen cualquier negocio que opere, pero creo que no es algo que debería ser obligatorio. Opino que los niños deben tener la opción de decidir su futuro por sí mismos.

Al mismo tiempo, ya sea debido a las obligaciones familiares o por otras razones, creo que mucha gente está viviendo la vida que ellos creen que deben vivir o tienen que vivir. Las personas no se detienen a reflexionar. Ellos no llevan a cabo una introspección profunda sobre lo que están haciendo ni lo que realmente quieren hacer con sus vidas. Ellos no se hacen las preguntas difíciles.

¿Si tuviera todo el dinero y tiempo en el mundo, qué haría?

Aquí está la gran pregunta: ¿Si tuviera todo el dinero y tiempo en el mundo, qué haría? De ahí pueden surgir cosas interesantes. Creo que mucha gente no entiende por qué hacen lo que hacen, por qué toman las decisiones que toman. Ellos piensan que tienen que seguir cierto camino, cierta trayectoria profesional, o desarrollar un negocio más grande y competir con todo el mundo basado en lo que ellos creen que otros piensan que deberían estar haciendo. Lo que ellos creen importante es influenciado por la sociedad, la cultura en que viven, de dónde son, cómo se criaron, etcétera. Tienen voces en sus cabezas diciéndoles lo que pueden y no pueden hacer. Creo que todos nosotros, no importa cuán independientes seamos, hemos tenido esta experiencia en algún momento de nuestras vidas.

Un aviso

Quiero enviar un aviso para ayudarlos a darse cuenta de que está permitido pensar en la clase de vida que están viviendo y que tienen la opción de hacer los cambios que desean. No estoy diciendo que sea fácil. Por supuesto, puedo oír a algunos de ustedes diciendo: "Eso es fácil para ti decirlo, Jofi, ya que tenías la empresa familiar". Pero realmente creo que todos tenemos la opción de pensar y ser conscientes de las opciones que tenemos.

Quizás cuando hagas tu propia elección te darás cuenta: "Sí, esta es la vida que quiero tener. Sé que estoy sacrificando el tiempo que podría pasar con mi familia. Sé que estoy sacrificando el tiempo que podría tener para mí. Yo sé que mi salud eventualmente podría verse en peligro porque estoy trabajando demasiado". Pero por lo menos ya sabes. Eres consciente de la clase de vida que estás viviendo, y sabes los pros y los contras de ese tipo de vida, en vez de vivir en el "cruise control" sin sentir nada. Sin embargo, con tomar un momento para pensar, podrás hacer algunos cambios en la forma en que estás viviendo tu vida. Ser consciente hace la diferencia, así que pausa y piensa.

Ser consciente hace la diferencia, así que pausa y piensa.

Eso es todo, en pocas palabras. Esa fue mi filosofía en crear este libro. Mientras leas este libro, quiero que escuches este mensaje y lo pongas en práctica como parte de tu plan de vida. Quiero que lleves a cabo los cambios que creas necesarios. No quiero decirle a la gente lo que tiene que hacer. Mi única sugerencia es que pienses en la vida que estás viviendo ahora.

Tú tienes un propósito. Tú tienes un significado en esta vida.

Tú tienes un propósito. Tú tienes un significado en esta vida. Pregúntate: ¿Soy feliz, verdaderamente feliz? Basado en tu respuesta, toma decisiones sobre los tipos de cambios que consideres necesarios para poder vivir el tipo de vida que quieres vivir. La felicidad estará en el centro de tu propósito.

Un Coach Integral ®

Los Programas de Coaching Integral® utilizan una metodología continua y evolutiva que intenta ser la respuesta más amplia a la vida humana. Quienes los practican logran adentrarse profundamente al pasado, adquiriendo las sabidurías del oriente y el occidente, mientras se mantienen al día con los nuevos descubrimientos de la ciencia cognitiva y la genética, entre otras disciplinas.

Fuente: New Ventures West en www.newventureswest.com.

En mi nuevo rol como Coach Integral®, yo no sé lo que me depara el futuro. No es tan claro como cuando yo era parte de la empresa familiar. Sin embargo, aun así escogí ese camino. Sabía que iba a ser feliz y sabía que me iría bien si seguía mi corazón, haciendo lo que en verdad quería hacer.

El punto es que decidí seguir mi pasión, la cual es ayudar a la gente. Me di cuenta de que al ser un coach, orador y autor, puedo ayudar a la gente. Me permitirá hacer mucho bien en este mundo, y eso me da energía. Le digo a todos que me preguntan sobre mi camino de vida recién descubierto que hay otras personas que también tienen una pasión y lo están siguiendo, sea lo que sea. Terminan siendo un éxito. Son muy felices. Son ejemplos para mí.

Sí, todavía tengo preocupaciones. Especialmente tengo preocupaciones ahora que estoy trabajando por mi cuenta. Sin embargo, el punto es que creo sinceramente que al seguir mi pasión, todo va a caer en su lugar. Yo voy a ser feliz siguiendo mi pasión y sé que al hacerlo voy a ganar suficiente dinero para vivir. A veces las personas no se dan cuenta de eso. Es muy difícil para mucha gente, yo creo, entender eso. Ellos tratan de racionalizar todas las decisiones que toman. La gente me pregunta: "Jofi, ¿es un trabajo a tiempo parcial? ¿Hay alguna otra cosa que estás haciendo mientras tanto?".

Creo sinceramente que al seguir mi pasión, todo va a caer en su lugar.

Mi respuesta a ellos siempre es: "No, esto no es un trabajo a tiempo parcial para mí". Coaching es mi pasión a tiempo completo.

La gente duda de esto, diciéndome francamente: "Jofi, tú no vas a tener éxito". Puedo pensar, "¡Wow!"—sorprendido de los pensamientos negativos que están expresando tan abiertamente. Pero también sé que me están diciendo esto porque piensan que solo hay una forma de estar en el mundo de los negocios. Sé que esto no es cierto. Podemos escoger nuestros propios caminos, nuestras propias pasiones.

Sigo adelante porque soy feliz haciendo esto. Me encanta ser coach; es mi pasión de vida. Me encanta ayudar a la gente. Voy a ser feliz haciéndolo y sé que voy a tener éxito. Cuán grande o pequeño será mi práctica, no sé todavía. Pero lo que sí sé es que si sigo el camino correcto para mí, todo va a salir bien y voy a hacer una diferencia en este mundo.

Al leer mi libro—y, creo, cualquier libro—recomiendo que lo leas con una mente abierta para absorber lo que estoy diciendo. Reflexiona sobre las palabras y piensa cómo se relacionan con tu propia vida y tus propias experiencias. Tus experiencias no se parecerán exactamente a las mías, pero mucho de lo que explico en mi libro puede relacionarse con las emociones que has sentido, las experiencias que has tenido en tu vida y la forma de pensar sobre todo esto. Si tú lees este libro cuidadosamente, creo que encontrarás muchas semejanzas entre tus experiencias y las mías, las cuales tendrán un significado para ti.

He recibido muchas respuestas negativas de personas sobre lo que quiero hacer en mi vida. Una de las cosas que pienso cuando oigo esas voces es algo que el fallecido Steve Jobs, el genio detrás de Apple, decía: "No dejes que el ruido de las opiniones de los demás ahogue tu voz interior". Eso es lo que estoy enfrentando en estos momentos. En el pasado, he seguido la opinión de todos, y no escuchaba mi propia voz interior. Ahora, estoy siguiendo mi propia voz y siguiendo adelante, no importa lo que está sucediendo alrededor mío.

Gracias por acompañarme en este camino.

CONTENIDO

Únete a un camino para descubrir lo que quieres en la vida

Nunca me habían preguntado: "Jofi, ¿qué te haría feliz?". Después de que vendimos el negocio familiar, tuve la oportunidad de reflexionar sobre esto. Fue el momento perfecto para preguntarme acerca de qué hacer con mi vida y mi carrera. De hecho, fue la primera vez que me pregunté: "Jofi, ¿qué es lo que realmente quieres en la vida?".

¡Una vez que abres la puerta a esta pregunta, puede sorprenderte el camino que tomas y las respuestas que encuentras!

En mi camino, me di cuenta de que vivía la vida en "cruise control". Tuve una vida "perfecta", pero no me sentía como si fuera mi propia persona ni que vivía mi propia vida. Por ejemplo, mientras trabajaba en nuestra empresa de seguros, me puse chaquetón y corbata todos los días. ¡Pero ese no es mi estilo! Me siento más cómodo con un estilo relajado y casual. Eso es lo que me hace feliz. Además, creo que fui un buen líder, pero no dirigí mis equipos a mi manera. Por el contrario, creo que copié el estilo de liderazgo de mi padre, el cual está bien, pero no era el mío propio.

En mi camino, me di cuenta de que tú estás a cargo de tu propia felicidad y que es posible vivir una vida equilibrada y saludable con más satisfacción y significado.

Un descubrimiento clave fue encontrar lo que me hace feliz.

Mi camino me llevó a New Ventures West, un programa bien completo de coaching que conduce a percepciones y abre posibilidades. A través de este programa intensivo, descubrí dos cosas claves que me hacen realmente feliz: mi familia y ayudar a los demás. Mi camino me llevó a certificarme como un Integral Coach® para guiar a los demás en cómo desactivar el "cruise control" y descubrir lo que los hace felices.

Piensa en la vida que TÚ estás viviendo.

Tómate un momento para reflexionar sobre estas preguntas:
- ¿Estoy viviendo mi vida en "cruise control"?
- ¿Qué es lo que realmente quiero?
- ¿Qué es lo que me hace feliz?
- ¿Qué acción pequeña puedo tomar ahora mismo para vivir una vida más feliz y gratificante?

¡Te invito a seguir leyendo! Únete a mí en mi camino a convertirme en mi propia persona, para vivir auténticamente y descubrir lo que yo llamo "mi ser feliz". Leer este libro puede ser el primer paso en tu camino a desactivar el "cruise control", descubriendo lo que te hace feliz, y creando una vida más saludable y significativa. Leer este libro puede ser el primer paso para encontrar "tu ser feliz".

Jofi Baldrich
Coach – Orador – Autor

CAPÍTULO UNO

Valores de mis antecedentes familiares

Mi padre era bien unido a su padre, mi abuelo. Una historia que me contaron fue que cuando mi papá tenía siete años, mi abuelo tuvo una operación en el hospital Johns Hopkins para remover mitad de su estómago y fue forzado a retirarse de su trabajo. Me suena como un asunto terrible, y sin duda lo es, pero la ventaja fue que mi abuelo podría pasar más tiempo con sus hijos. Así aprendió más sobre lo que a mi padre le gustaba hacer.

Cuando mi padre era muy joven fue un gran pelotero. Jugó en la liga de Béisbol Superior Doble A de Puerto Rico. Jugó mayormente en segunda base para un equipo local por quince años, retirándose cuando cumplió treinta. Fue un jugador excelente, y mi abuelo estaba siempre presente para verlo jugar y apoyarlo—siempre, siempre, siempre. Creo que eso influyó en mi papá mucho y le enseñó a criarme para ser muy unido a él. Siempre estaba ahí para mí y yo siempre estaba ahí para él. Soy su único hijo entre dos hermanas, igual que mi abuelo quien tenía solo un hijo y dos hijas. Y así es conmigo: un hijo y dos hijas.

Mi papá siempre fue mi entrenador en baloncesto y béisbol e, igual como su padre había estado ahí para él, mi papá siempre estaba ahí para mí. Así son las cosas. Cuando hablo con mis amigos de la infancia, recordamos que nuestros padres estaban siempre presentes en nuestros juegos de deporte, como entrenador o como papá. No veo el mismo compromiso de los padres de hoy. En cambio, los padres dicen, "no podemos ir porque estamos muy ocupados". Realmente aprecio la cercanía de mi papá, su estar ahí para nosotros. Eso es lo mismo que quiero dar a mis tres hijos: el regalo de siempre estar presente para todas sus actividades. Estar presente tiene más valor que cualquier objeto material que pueda darles.

Estar presente tiene más valor que cualquier objeto material que pueda darles.

Mi papá y yo somos muy unidos. Nos parecemos, y esto fue especialmente cierto cuando éramos más jóvenes. Tuve una experiencia interesante recientemente mientras escribía este libro. Estaba en misa cuando un señor mayor, que no sabía nada acerca de mí, me preguntó, "¿Eres el hijo de Junior Baldrich? ¡Tienes que ser! Tienes que ser, cuando te vi a ti y a tu hijo".

Le dije que sí, por supuesto. Resulta que él y mi padre fueron grandes amigos. Cosas como esta me suceden frecuentemente cuando estoy fuera. La gente ve mi rostro y se da cuenta de que debo ser el hijo de mi padre. Cuando era más joven, mi hijo se parecía aún más a mi papá que yo. El parecido familiar a través de las generaciones es muy fuerte.

Me parezco a mi padre. ¿Qué diantre? Me lo han dicho mucho y estoy muy orgulloso de esto, lo digo de verdad.

REGRESAR A LA FAMILIA

Quiero contarles una historia corta acerca de cuando estaba estudiando en la universidad de Mount Saint Mary's en Emmitsburg, Maryland. Yo realmente no sabía qué hacer con mi vida en aquel entonces. Mi papá me habló de volver a Puerto Rico para unirme a él en su compañía de seguros. Durante este período de mi vida, jugaba al tenis en mi escuela. Decidí trabajar como instructor de tenis durante un par de años antes de empezar mis estudios en Nueva York para obtener mi MBA en seguros y finanzas. Después de eso, comencé a trabajar a tiempo completo. Trabajé casi dos años en Miami antes de regresar a Puerto Rico a trabajar con mi padre.

Él estableció una empresa exitosa de seguros. Fuimos el agente general administrador exclusivo de Puerto Rico de una de las compañías que representábamos. Después de unos años de representarlos con éxito, decidieron cancelar nuestro contrato para trabajar directamente con los clientes—no más agentes para ellos. Lo más increíble era que la mayoría de los clientes de esa empresa estaban allí por mi padre. Él era el que había traído a los clientes a la empresa y la hizo crecer. La administración de la compañía decidió que, después de todo el negocio que mi padre les había traído, ya no lo necesitaban. Yo trabajaba en Miami para la compañía. Mi padre me llamó y me dijo: "Creo que es mejor si regresas a casa ahora".

De hecho, mi padre no tomó este revés pasivamente. Se recuperó más fuerte que nunca, avanzando con su propia empresa sin tener que preocuparse demasiado. Al menos, esa es la impresión que me dio. Siempre fue una persona muy positiva y un gran vendedor. Con su entusiasmo y liderazgo, la compañía familiar siguió avanzando. Tuvimos un gran negocio. Todo lo que ocurrió en nuestro negocio pasó por alguna razón y no podíamos quejarnos.

Aún así, en aquel entonces, estaba preocupado sobre lo que iba a suceder. Solo imagina que alguien te diga: "Vamos a cancelar tu negocio. Nos vamos directos al cliente, sin intermediarios", y la mayoría de tus clientes principales son de esa empresa. Estaba realmente preocupado. No sabía lo que iba a suceder. Yo era nuevo en el mundo de los negocios. Tenía miedo por mi papá, preguntándome cómo él iba a reaccionar y qué pasaría con la empresa familiar y con nuestros empleados. Estaba contento—en verdad sorprendido—por la manera como mi papá reaccionó. Continuó avanzando con el negocio. No tenía tiempo de mirar hacia atrás. Decidimos tomar otra ruta y nos dijimos, "vamos a seguir adelante". Y juntos, como familia, hicimos mucho dinero y estábamos más fuertes que nunca después del contratiempo.

FUERZA FAMILIAR

Mucha de mi fuerza viene de mi familia y de la forma en que me crié. Les puedo contar muchas historias que son ejemplos de esto. Una vez, cuando era joven, jugué en un torneo de tenis y perdí. No se suponía que fuera a perder. Fue cuando empecé a jugar competitivamente y muchas cosas aún eran nuevas para mí. Yo estaba en el pasillo de mi casa cuando mi mamá vino a mí y me abrazó. Ella estaba llorando porque se sentía tan mal. Perder no me dolía tanto como le parecía doler a mi mamá. Es una muestra más de que somos una familia muy competitiva y, al mismo tiempo, muy cariñosa.

También, cada vez que jugábamos un partido juntos, mi padre siempre trataba de ganarme. Pero una vez que comencé a ganarle a mi papá en el tenis, nunca más me ganó. Mi hermana menor jugaba mejor que yo en el tenis, pero no estoy seguro si ella alguna vez le ganó a mi papá. Mi papá jugaba juegos psicológicos divertidos con ella para asegurarse de que no fuera a ganarle. Somos muy competitivos. Está en nuestros genes como familia. No me quejo, porque esta competitividad me ha dado mucha fuerza como adulto.

En otra ocasión, mi padre y yo jugábamos un torneo de dobles, me parece que fue para la fraternidad de mi papá. Tendría quince o dieciséis años. Estábamos jugando contra dos adultos. Una pelea empezó entre mi papá y uno de los otros jugadores que era miembro del equipo nacional de baloncesto en Puerto Rico. Ambos permitieron que sus egos y sus temperamentos tomaran control y yo solo quería quitarme del medio. Para mí era una controversia simple, nada grande, nada que valiera la pena discutir.

GANANDO Y PERDIENDO CON GRACIA

En esos tiempos, en todas aquellas situaciones, no me di cuenta cuán intensa podía ser la competencia. Me imagino que no sabía porque era normal en mi casa comportarse de una manera muy competitiva y desafiante. Mientras fui creciendo y me hice más consciente de la clase de vida que había estado viviendo, comencé a pensar, "¿Por qué competimos? ¿Por qué tenemos que siempre hacer algo mejor que los demás? ¿Por qué siempre tenemos que estar celosos cuando alguien nos dice lo que tiene, o que su hijo o hija hizo esto o aquello, y así sucesivamente? ¿Por qué no podemos simplemente sentirnos feliz por ellos?".

> *No me di cuenta cuán intensa podía*
> *ser la competencia.*

Prefiero disfrutar de lo que tengo y en lo que sobresalgo, que ser competitivo. No quiero decir que no me gusta ganar. Ciertamente me encanta ganar. La diferencia es que ahora miro la competitividad desde otro punto de vista. Me hace pensar en una historia que mi abuelo nos decía que estaba basado en un viejo proverbio español: Cada vez que vas a competir, tienes que tener dos bolsas—una para ganar y otra para perder. Alguien siempre tiene que ganar y alguien tiene que perder, pero podemos estar preparados para lo inevitable. Juega lo mejor que puedas justamente y estate listo. Pero para ser un buen ganador, también debes prepararte para ser un buen perdedor. Algunas personas usan la frase "no seas un mal perdedor". Es el mismo concepto: sé cordial bajo la presión de la competencia. Además, sé cortés si resulta que después de intentar lo mejor de ti todavía pierdes.

El punto de vista de mi abuelo y el mío podrían haber estado en conflicto en ese tiempo, pero cuanto mayor me pongo, más fácil me es entender su punto de vista. Tal vez en el pasado me hubiera molestado si perdía. Me hubiera preguntado: ¿"Por qué tuvo que ser así? ¿Por qué no podía ganar"? Ahora digo algo mejor: "Trata de ganar, pero si no ganas, sigue adelante".

CUANDO LA COMPETENCIA TE AGOBIA

La vida es mucho más que un simple juego que se gana o se pierde.

La vida es mucho más que un simple juego que se gana o se pierde. Es mucho más rica cuando decides ser feliz y entender que la competencia es solo un aspecto más de la vida. Cuando ves a los atletas retirarse temprano, haciendo cambios en sus vidas después de una gran carrera, muchos de ellos dirán, "Bueno, la vida no se trata solo del tenis"—o baloncesto o cualquier deporte. "La vida es mucho más que eso. Esta es una parte de mi vida y se acabó, y voy a seguir adelante con mi vida". Es refrescante escuchar esto, porque he encontrado que mucha gente se obsesiona con solo un tema y no se involucra con el resto de su vida, en otros aspectos de la vida. Eso es lo que puede suceder cuando estás demasiado obsesionado con la competencia. Lo que necesitamos hacer es dar un paso atrás y preguntarnos cómo estamos dejando que nuestra competitividad y el deseo de ganar sobrepasen nuestras vidas.

Creo que ser competitivo siempre te hace trabajar más duro, lo cual puede ser algo bueno, pero tienes que tener cuidado de que no funcione para tu detrimento y que tus relaciones y la forma en que ves las cosas y las personas que te rodean no se afecten. Por ejemplo, tal vez no estarás feliz el resto del día porque perdiste un juego. Incluso puedes pensar que la semana se arruinó. Por el contrario, debes aceptar que perdiste el juego—o un gran negocio. A pesar de que le diste tu mejor esfuerzo, simplemente no funcionó. Y deberías decirte a ti mismo que tienes que seguir adelante. Aprende de tu experiencia y sigue hacia adelante. Esa es mi filosofía ahora. Así es como he llegado a ver las cosas.

Aprende de tu experiencia y sigue hacia adelante.

Mi padre y mi abuelo, toda mi familia de hecho, me enseñó a ser competitivo. Lo bueno de esa crianza es que siempre trato de tener éxito. La desventaja es que puede ser perjudicial si me enfoco demasiado en ser competitivo y dejo que ese enfoque sobrepase otros componentes de mi vida. No dejes que tu competitividad haga aflorarar tu lado malo, porque quieres ganar tanto que pierdes control. Sé consciente de eso. No dejes que tu competitividad corroe tu mente.

No dejes que tu competitividad corroe tu mente.

He tenido altibajos debido a la inseguridad que he sentido, hasta hace poco, sobre lo que va a pasar en mi futuro. Tomé un tiempo para darme cuenta que este es mi camino, esto es lo que quiero hacer. Cuanto más tiempo pasa, más estoy convencido que escogí el camino correcto para mí. Creo firmemente que todo sucede en el momento oportuno y adecuado. Algunas personas son más rápidas. Algunas personas son más lentas. Algunas personas toman más tiempo para tomar decisiones. Otros toman decisiones más rápidamente. Todo el mundo tiene su propio cronometraje. Todo sucede por una razón. Para mí, siempre ha funcionado de esa manera.

Este libro era algo que quería escribir hace casi tres años y no sucedía. Finalmente, tomé la decisión que iba a suceder y aquí está; ha ocurrido. Me doy cuenta que a lo largo de los años había muchas cosas que quería hacer relacionadas con lo que estoy haciendo ahora. Sin embargo, dudaba de mí mismo. Escuché las voces negativas. Ahora, vuelvo y hago esas cosas porque estoy absolutamente convencido que es lo que tengo que hacer.

Tomar esa iniciativa no es lo mismo que hacer un plan de negocios en que sabes exactamente los pasos que tomarás. Sé mi meta final, pero no estoy seguro de lo que va a pasar antes de alcanzarla. Voy a escribir un libro. Voy a hablar. Voy a hacer coaching en grupos e individual. Vamos a ver cómo se desarrolla. La forma en que comparto mi pasión de ayudar a los demás está todavía por decidir. Es un proyecto en curso. Cambia a medida que se desarrolla. Tal vez escribir este libro sea la respuesta, o hablando, o haciendo ambos, o solo coaching individual, o coaching en grupos, tal vez un poco de todo. Pero si no lo intento nunca sabré, y este es el camino en que me encuentro ahora. Estoy siguiendo mis pasiones, la mayor de las cuales es ayudar a otros, y voy a ver adónde todo esto me lleva.

Estoy siguiendo mis pasiones, la mayor de las cuales es ayudar a otros, y voy a ver adónde todo esto me lleva.

Estoy siguiendo los valores inculcados en mí como joven y encontrando equilibrio en mi vida al mismo tiempo. Basado en todo lo que mi mamá y mi papá me enseñaron durante mi crecimiento y basado en mi experiencia, encuentro que involucra mucho más que equilibrio. Después de todo, creo que sería muy difícil encontrar un equilibrio exacto en todo lo que queremos hacer. La cuestión entonces sería cómo integrar todo lo que necesitas hacer en tu vida basándote en tus valores sin perderte en el camino. ¿Cómo puedes convertirte en un ejemplo para los demás? Creo que requiere el equilibrio de un acróbata; es decir, tienes que tener la capacidad de corregirte continuamente para evitar caerte.

Te voy a dar un gran ejemplo de lo que estoy haciendo. Pronto voy a estar fuera de mi casa por un período prolongado en un viaje de negocios. Eso quiere decir que voy a estar lejos de mi esposa y mis tres hijos. No puedo decirte cuán profundamente los extraño cada vez que viajo, pero estoy siguiendo mi pasión. Es lo que quiero hacer. Es lo que me hace feliz. Es lo que me motiva. Es lo que trae un brillo a mis ojos.

Aún así, me aseguro que puedo integrar todo esto cuando estoy en el trabajo. Algunas veces voy a decir que no. Si me doy cuenta que estoy viajando demasiado, voy a tener que hacer mis viajes más cortos y hacer lo que tengo que hacer rápidamente y volver a mi familia.

A veces, cuando estoy en casa, soy consciente de que no quiero que mis actividades personales ni profesionales reduzcan el tiempo que paso con mis hijos. Voy a planificar mi día entero para poder cuidarlos yo mismo.

Así que digamos que mis horas de trabajo son durante el día cuando los niños están en la escuela. Si quiero ir al gimnasio para hacer ejercicio, no voy a hacerlo durante mi tiempo con mi familia en la noche. Por el contrario, probablemente voy a recoger a mis hijas de sus clases de baile o a mi hijo de su práctica de baloncesto. Me siento mucho mejor cuando intento equilibrar mi amor por mi familia y mi pasión por mi trabajo y actividades personales.

Al mismo tiempo, mi hijo, quien tiene nueve años y es el más joven de mis hijos, está plenamente consciente de cuando mis compromisos de viajes de negocio toman mi atención de sus necesidades. Me siento mal cada vez que me menciona un evento de la escuela u otra actividad que quiere que lo acompañe y me pregunta, "Papa, ¿vas a ir a esto?". Él ya sabe que la respuesta puede ser no. Se da cuenta que viajo mucho. Podría decirle, "Sí, a partir de ahora, estaré ahí. Así que sí, te puedo llevar a este lugar". A veces es difícil. ¿Por qué mi hijo me tiene que preguntar si voy a estar en casa para poder ir juntos a un lugar?

La forma en que lo veo es que estoy siguiendo mi pasión. Estoy haciendo lo que me encanta hacer, y creo que eso me hace un mejor padre. Me hace un mejor hombre de familia. Seguir mi pasión me ayuda en los otros ámbitos de mi vida. Es mejor para todos los que me rodean en los negocios, en mis amistades y, sobre todo, en mi familia cuando sigo mis pasiones y vivo mis sueños.

Estoy haciendo lo que me encanta hacer,
y creo que eso me hace un mejor padre.

CAPÍTULO DOS

Siguiendo tus sueños y pasiones

Hay muchas anécdotas que puedo contarles acerca de seguir los sueños, incluyendo lo que me sucedió cuando vendimos el negocio de seguros de la familia y tuve más tiempo para ponerme al día con viejos amigos y contactos de negocios durante almuerzos. Prácticamente cada uno de ellos me dijo cuál debería ser mi siguiente paso en la vida y cuál debería ser mi nuevo plan de negocios. Sé que en el fondo ellos siempre tenían mis mejores intereses en sus corazones, aunque, bastante a menudo, sus ideas no eran lo que quería hacer con mi vida y no tenía nada que ver con mis pasiones.

Por ejemplo, durante el almuerzo un amigo podría decir algo como, "Jofi, deberías entrar en el negocio de la venta de sillas rojas porque nadie en Puerto Rico vende sillas rojas y puedes ganar un montón de dinero. Es algo que he analizado y lo haría, pero tengo mi negocio. Por el momento, porque tú no estás haciendo nada, es perfecto para ti". Tuve conversaciones como esa por un tiempo, pero el problema era que nadie me preguntó cuál era mi pasión ni qué era lo que más deseaba hacer. Nadie me preguntó qué quería que fuera mi siguiente paso en la vida. Cuando me dieron consejos, mis amigos nunca consideraron el verdadero yo.

Nunca, nadie me preguntó qué me haría feliz.

Nunca, nadie me preguntó qué me haría feliz.

Por supuesto, aun cuando seguimos nuestras pasiones, podemos ser guiados por mal camino y no vemos el bosque por los árboles.

Al ayudar a la gente a entender esto, siempre he usado el ejemplo de comenzar un restaurante. Imaginemos que quiero abrir un restaurante porque creo podría ganar un montón de dinero. Mis pensamientos serían los siguientes:

Bueno, Jofi, aquí estamos. Vamos a abrir un restaurante porque sabemos que podemos ganar un montón de dinero. En primer lugar, necesitamos un sitio. ¿Vamos a alquilar o seremos dueño de ese lugar? No estoy seguro. Seguimos al próximo punto. Ahora tenemos que contratar a los empleados, y tener empleados puede ser problemático. Para un restaurante, necesitaría hasta cincuenta empleados. Entonces viene la comida. Tenemos que tener mucho cuidado al comprar la comida, porque podría llegar a pudrirse—el desperdicio es caro y perderíamos dinero. También tendría que trabajar casi todos los días, mañana, mediodía y noche, hasta muy tarde. ¿Por qué tan tarde? Porque estaré abierto para la cena. Esto tendría el mayor impacto en mi familia porque llegaría tarde a la casa y mi familia no estaría muy feliz con eso. Y no te olvides de vender bebidas alcohólicas en el restaurante. Necesito obtener una licencia, tal vez tendría que ir en contra de una junta de la comunidad la cual no quiere otro lugar vendiendo alcohol en el vecindario. Si supero ese obstáculo, tendría que lidiar con la gente que se emborrachen en el restaurante.

Y sigue así. ¿Al final qué digo? "Todo esto representa un mal negocio para mí. Olvídate de abrir un restaurante. Es simplemente demasiado difícil".

¿Qué sucedió? Estaba pensando en el negocio solamente con la intención de ganar dinero en vez de pensar en lo que me motiva, en mi pasión y lo que me mueve. Eso fue lo que sucedió. Tomé el enfoque equivocado en esta situación y no funcionó.

En mi trabajo como coach, estoy siguiendo mi pasión. Todos esos mismos problemas y situaciones pueden surgir todavía. Sin embargo, me encargo de ellos porque no van a impedirme que deje de hacer lo que quiero hacer. Muchas de las personas a mí alrededor todavía me dicen que no voy a ser exitoso y que en Puerto Rico nadie sabe lo que es coaching ni cómo contratar a un coach. Si saben algo sobre coaching, traerán a coaches de renombre de todas partes del mundo a sus empresas en vez de usar el talento local. "Traen a esos tipos, no a ti, Jofi", es algo que escucho a menudo de la gente alrededor de mí. Le gente me lanza toda clase de pensamientos, incluyendo uno que ya he mencionado en este libro: "Jofi, ¿no será que vas a hacer esto 'part time'?". Mucha gente no cree que mi pasión pueda ser 'full time'.

Creo que muchas personas le tienen miedo a lo desconocido. No se dan cuenta que, en lugar de señalar sus propios temores e inseguridades cuando hablo de mi pasión, deben preguntarme, "¿Por qué haces lo que haces, Jofi? ¿Qué es lo que te mueve a hacer este tipo de trabajo"? Esta es la pregunta que todos deberíamos formularnos: ¿Por qué hacemos lo que hacemos?

Esta es la pregunta que todos deberíamos formularnos:
¿Por qué hacemos lo que hacemos?

Esa es una gran pregunta que quisiera que la gente me hiciese más a menudo. "¿Por qué haces lo que haces?" Yo soy coach porque es mi pasión. Me siento energizado cuando lo hago. Me encanta ayudar a la gente. Mientras escribo este libro, estoy siguiendo un curso para un certificado en psicología positiva, CIPP, con el profesor Tal Ben-Shahar, Ph.D. Una de las preguntas para reflexionar que recientemente respondí durante la clase fue sobre cómo hacer más fluida tu vida, lo cual es parecido a estar "en la zona" en el argot deportivo, donde todo lo que haces funciona perfectamente. Es una sensación de máxima concentración, una sensación de que nada puede salir mal. Cuando me di cuenta de esto, entendí que tenía que hacer algunos cambios en mi vida, incluyendo mejorar mi horario para ser más productivo.

Me encanta hablar con mis amigos y ayudarlos cuando necesitan mi ayuda. Sin embargo, esto no es ideal si lo hago durante la hora más productiva de mi negocio. No es que no lo quiera hacer, pues me encanta ayudar a mis amigos. Es que a veces no debo hacerlo en los momentos que debería concentrarme en el trabajo para mis clientes y en otros aspectos de mi negocio. Por supuesto, todavía me gusta separar tiempo para mis amigos y sus situaciones. Pero separo ese tiempo durante la tarde, cuando normalmente no soy tan productivo para mis clientes. Los amigos comparten sus conocimientos con amigos que necesitan ayuda. ¿Le pagan para hacer eso? No, claro que no. Pero si tus amigos dependen de ti, tomas la llamada. Le das consejos por media hora. Los ayudaste. Es lo que hacen los amigos. No es que medimos estas cosas, pero sabemos que nuestros amigos harán lo mismo por nosotros.

Mi ritmo de trabajo óptimo ocurre en la mañana. Si trabajo de 8:00 a.m. a 1:00 p.m. sin interrupciones, sé que seré más productivo y atenderé con más eficiencia los aspectos de mi negocio que requieren mi mayor concentración. Dentro de este espacio de tiempo puedo lograr lo que la mayoría de la gente alcanza dentro de un día típico de ocho horas. Creo que cada uno debe encontrar sus propias horas más productivas, las cuales son cuando el ritmo de trabajo progresa mejor. Una vez que encuentres lo que funciona mejor para ti, usa ese conocimiento para tu beneficio. Puedo decirte por experiencia que existe una diferencia enorme entre encontrar tu ritmo de trabajo y no encontrarlo. Encuentro que la tarde funciona mejor para ocuparme de las cosas de menor importancia en mi negocio, cosas que se completan en unos minutos y no requieren consideración ni planificación intensa. Eso es cuando me ocupo de cosas como responder los correos electrónicos, devolver llamadas telefónicas y escribir notas cortas. Al saber cuándo eres más productivo, sea por la mañana, por la noche o a las 3:00 a.m. cuando el resto del mundo está durmiendo, también puede ayudar a reducir el estrés. No todos tenemos que trabajar de 9:00 a.m. a 5:00 p.m. ni trabajar dentro de las limitaciones de tiempo que otros nos dictan.

REFLEXIONANDO SOBRE TU VIDA

Todos debemos darnos permiso para ser humanos.

Todos debemos darnos permiso para ser humanos.

Cada uno de nosotros tenemos que encontrar nuestro ritmo de trabajo óptimo, las horas más productivas y el patrón que nos permite trabajar más eficientemente. Creo que esa es la parte difícil para mucha gente. Una de las ideas claves que he aprendido en mi curso de psicología positiva es que todos debemos darnos permiso para ser humanos. Vas a cometer errores. Cosas van a suceder. No hay forma correcta ni incorrecta de hacer algo. Por el contrario, debemos simplemente tomar el primer paso. Hazlo y aprende por ti mismo, aprende de tus errores. La gente está acostumbrada a una respuesta y solución rápida. Mucha gente simplemente quiere conectarse al Internet y encontrar la respuesta, pero la vida no funciona así. No hay ninguna píldora mágica para ser feliz ni para encontrar significado, propósito y pasión en tu vida. Tienes que trabajar para lograrlo. Por supuesto, puedes buscar ayuda. Hay coaches que te pueden guiar y darte consejos antes de que tomes tus decisiones. Sin embargo, al final, la persona que va a encontrar la respuesta y tomar la decisión eres tú. Más nadie. Puedes pedir las opiniones de mucha gente acerca de lo que debes hacer, pero al final, lo más importante es aprender de tus experiencias. Debes hacer lo que es mejor para ti, no para las otras personas. Al final del día, ¿quién va a estar haciendo lo que decidiste hacer? Tú. No las otras personas. Eres tú el que tiene que vivir con esas decisiones.

Debes hacer lo que es mejor para ti, no para las otras personas.

A veces, es difícil cuando todo el mundo está en contra de una idea o cuando las personas simplemente no entienden. Una vez estaba en una fiesta y un amigo se acercó y me preguntó, "Jofi, ¿qué estás haciendo ahora que vendiste tu negocio?" Le dije sobre mi coaching y él respondió" "¿Qué diablos es un coach? ¿Qué tipo de coaching haces?". Pensé: "He tomado un trago. No sé cuántas bebidas él se ha tomado. El ambiente es ruidoso, hay música, todo el mundo está bailando, pasándola bien. ¿Realmente quiero responder profundamente a esta pregunta ahora? ¿Él realmente querrá escuchar?".

Al principio, tenía dudas acerca de hablar de coaching por muchas razones, incluyendo las que acabo de enumerar. Ahora le contesto a todo el mundo. Punto y aparte. Esto es lo que hago. Ayudar a las personas jóvenes y mayores a encontrar felicidad y sentido en su vida es mi pasión. Encuentro que puedo ayudar a muchas personas jóvenes a tomar una decisión desde temprana edad. Si eres mayor de edad, ayudo a reagruparte, redescubrir lo que quieres y cambiar tu vida, si eso es lo que buscas.

Estoy muy contento con la decisión que he tomado de ser un coach. No sé a dónde me llevará exactamente, pero sé que voy a ser feliz haciendo esto y voy a hacer una diferencia en este mundo. Seguiré avanzando y aprendiendo de mis errores a lo largo del camino.

HACIENDO LO QUE TE HACE FELIZ, MANTENIENDO LAS NECESIDADES DE LOS DEMÁS EN MENTE

Uno de mis otros puntos, sin embargo, es que mientras estoy haciendo lo que me hace feliz, trato de asegurarme de que mi esposa y mi familia no se sientan excluidas. Las involucro en muchas de mis decisiones porque sé que mis decisiones les afectan también. De esta manera puedo tomar decisiones en armonía con las necesidades de mi familia. Vamos a hablar más acerca de este tema en el capítulo siguiente. Mientras que hemos hablado mucho de hacer las cosas que deseas y que te hacen feliz y de escuchar tu voz interior, parte del equilibrio en el mundo real implica mantener a tu familia—o, si no tienes familia, las otras personas importantes en tu vida—involucradas en tus decisiones. Así que este es un cambio en marcha. Sin embargo, creo que integramos todo lo que realmente nos importa si mantenemos una comunicación constante con otros miembros de la familia y con las personas importantes en nuestras vidas mientras perseguimos lo que queremos hacer.

Una de las cosas que estoy haciendo ahora en mi nuevo rol como Integral Coach® es hablar con mi esposa para asegurarme de que ella está cómoda con todos mis viajes. Por ejemplo, tuve un trabajo en Maui, Hawái—sin duda no es un mal lugar para trabajar—y estuve fuera de mi casa por nueve días. Estuve en casa por una semana y luego me fui para seguir un curso, lo cual significó aún más tiempo lejos de mi esposa y mis hijos. Antes de inscribirme para el curso, hablé con mi esposa. "Escucha, tengo una gran oportunidad para seguir este curso. Dura diez meses y tengo dos sesiones en persona con el profesor. Una es en agosto. Una es en abril. Esto es lo que va a suceder". Sabía que ella estaría de acuerdo con esto porque la involucre en la decisión, y me inscribí para la clase.

Mi esposa también sabe que yo hubiera dicho "no" si ella no hubiera querido que me fuera otra vez. Quiero asegurarme de que está de acuerdo con mi toma de decisiones. Ella sabe cuánto valoro su opinión. Ella siempre ha apoyado lo que hago. Ella raramente dice que no. No puedo acordarme de en una sola vez cuando ella dijo "no" a algún aspecto de mi trabajo como Integral Coach®. A la misma vez, lo que estoy aprendiendo para mi trabajo me ayuda como persona, como esposo, como padre y como amigo, porque estoy volviéndome una mejor persona, con más comprensión, amor, cariño y franqueza. Coaching se trata de crecimiento personal y se extiende a otros ámbitos de mi vida—como padre, esposo, hijo, hermano y tío y en mis otros roles.

En realidad, desde mi punto de vista, parece como si todo el mundo ganara. Creo que mi esposa se reirá cuando lea este libro porque la menciono tanto. En el curso que estoy siguiendo, hay una hoja de papel grande en la cual todos los miembros de la clase escriben sus metas para el próximo año. Mi meta es despertarme feliz cada día. Normalmente soy un gruñón en la mañana. Mi esposa dice en broma que ella solo puede hacerme preguntas cuando me despierto que requieran una respuesta de sí o no.

No puedo entrar en una conversación profunda sobre el significado de la vida a las seis de la mañana. Quiero despertarme feliz. Mi esposa es una persona feliz por la mañana. Nos levantamos juntos alrededor de las cinco de la mañana todos los días. Quiero hacerlo de buen humor en vez de mi mal humor habitual. Sé que este cambio no va a suceder en un día. Va a ser un proceso. De hecho, ya estoy viendo resultados, pero sé que logrando este cambio llevara su tiempo y será permanente. Es parte de todo lo que yo he estado pasando. Todo el aprendizaje, coaching, enseñanza e introspección que hago cada vez que hago este tipo de trabajo me ayuda a lograr mis metas. Es un proceso que todos podemos emprender.

CAPÍTULO TRES

Integrar el trabajo con la vida:
Hay que ser conscientes de la existencia o ausencia del equilibrio

Tenemos que ser conscientes de nuestro tiempo, cómo lo pasamos y cómo lo dividimos. Ante todo, tenemos que mirar cómo impacta a nuestra familia y a aquellos que son importantes para nosotros. La ironía es que muchas veces lo que oigo de la gente acerca de por qué trabajan tan duro y se quedan en la oficina tarde de noche son excusas. Usan a su familia para justificar su comportamiento. Dicen cosas como, "Hago esto para ellos. Por eso tengo que trabajar tarde o ir a la oficina durante los fines de semana".

Creo que lo único que desean los niños, especialmente cuando están creciendo, es tiempo con su mamá y papá. Realmente no quieren una casa más grande ni cualquier otra cosa por lo cual sus padres están trabajando tan arduamente. Ellos solamente quieren tiempo con sus padres y creo que es extremadamente importante que les demos ese tiempo. Muy a menudo, cuando estamos concentrados en las necesidades materiales, por las cuales trabajamos tanto, nos olvidamos de las necesidades emocionales de los que amamos.

Muy a menudo, cuando estamos concentrados en las necesidades materiales, por las cuales trabajamos tanto, nos olvidamos de las necesidades emocionales de los que amamos.

Puede ser muy triste ver las relaciones que las personas exitosas tienen con sus hijos. A menudo, esa relación no existe porque han concentrado su vida en su negocio en vez de sus hijos y el hogar que deben estar construyendo para ellos. Mucha gente olvida para quién están trabajando tan arduamente, y creo que esa es la clave. ¿Cómo se logra todo lo que quieres en la vida? A veces, vas a tener que decir no a ciertas cosas y tienes que darte cuenta de lo que es importante en tu vida. A veces, asumimos demasiadas responsabilidades y sentimos que tenemos que decir "sí" a personas que piden nuestra ayuda, no importa la razón— una organización benéfica, por ejemplo. Todo termina costándote en términos de tu salud o tu relación con tu familia. Incluso si estás haciendo bien porque estás ayudando a una organización benéfica o alguien en necesidad, al final, tienes que pensar en ti mismo y ser consciente de lo que es importante para ti. En el orden de importancia, ¿cómo divides tu tiempo entre amigos, trabajo y familia? ¿Estás demasiado comprometido, ignorando quiénes son los más importantes para ti por estar tratando de complacer a otros?

Crees que pasas mucho tiempo con tu familia, pero cuando te das cuenta de cuánto tiempo estás pasando en realidad haciendo otras cosas, te sorprenderás. Veo a los padres llevando a su hijo o hija de la mano cuando van desde el estacionamiento al salón de clases y la mayoría del tiempo los padres están mirando sus teléfonos, revisando actualizaciones de trabajo o los últimos precios de las acciones. ¿Es eso realmente pasar tiempo con tu hijo? ¿Es eso realmente estar presente con tu hija cuando la llevas a la escuela?

Debes estar presente cuando estés con tu familia.

Debes estar presente cuando estés con tu familia. Disfruta de ellos. Nos preguntamos por qué a veces tiene que suceder algo grande o malo antes de que apreciemos lo que tenemos. Tienes que ser consciente que cuando estás pasando tiempo con tus seres queridos, realmente debes estar emocional y físicamente presente para ellos.

Para mí, por ejemplo, es muy difícil ahora con mis hijas adolescentes; pero con mi hijo es diferente. Con mi hijo puede ser cualquier cosa que él quiera hacer. Vemos la televisión juntos, armamos Legos, vamos a la piscina y así sucesivamente. Con mis hijas, la situación es diferente. Tengo que estar disponible para estar con ellas cuando me necesitan y cuando están listas para hablar o pasar un rato con su papá. Con mis hijas, encuentro que no puede ser a mi horario. Tengo que ser flexible. Tengo que ir con la corriente. No debes imaginar que podrás controlarlo todo, especialmente cuando la familia exige tu tiempo.

Por ejemplo, sé que viajo mucho y en un futuro cercano ese aspecto de mi trabajo aumentará, robándole más tiempo a mi familia. Tengo que ser consciente cuando estoy en casa y estar seguro de pasar el mayor tiempo posible con ellos. Siento que tengo que compensar por el tiempo que estoy fuera.

Me di cuenta que debía ser consciente de mi tiempo alejado de mi familia cuando estaba entrenando para un triatlón durante más de año y medio. Cada lunes, miércoles y viernes a las 5:00 a.m., religiosamente, estaba en la piscina. Me despertaba cada uno de esos días tan temprano como a las 4:00 a.m. Esto significaba que tenía que acostarme entre las 9:00 y 10:00 de la noche, a más tardar. Este gran compromiso de tiempo y régimen físico extenuante significaba que a las 7:00 p.m., durante lo que debería haber sido el tiempo ideal con mi familia, yo ya estaba de mal humor. Hay que correr, practicar en bicicleta y hacer todas las cosas que te hacen fuerte y saludable para el triatlón. Aún así, me di cuenta que mi entrenamiento atlético estaba tomando tiempo de mi familia y dañando mi relación con ellos, incluso cuando intentaba sacar tiempo para ellos.

Tiempo en familia

En ese sentido, estoy evaluando mi vida atlética ahora mismo para decidir mis prioridades. Me dejé llevar por la fiebre de los triatlones en Puerto Rico. Es como una droga. Estás haciendo ejercicio y es bueno desde ese punto de vista, pero cuando lo llevas al extremo, perjudica otros ámbitos de tu vida en que tú también debes estar enfocando. Ahora estoy tratando de decidir qué hacer. ¿Quiero ir a correr? ¿Quiero ir a nadar? ¿Cuándo será el mejor momento para hacer esas cosas? Para no perjudicar mi relación con mi esposa e hijos, debo hacer ejercicio durante las horas escolares. Este es otro aspecto del equilibrio y es importante considerarlo mientras manejo el tiempo sagrado de la familia.

Por ejemplo, un día de trabajo típico tiene tantos aspectos. Esta tarde, después de usar mi "tiempo de trabajo" durante el día escribiendo este libro, voy a ayudar a mi esposa a llevar a nuestros hijos a citas médicas y actividades extracurriculares. ¿Cómo hago esto? En la mañana, me desperté temprano y entrené por una hora para el triatlón. También trabajé en el libro por cuarenta y cinco minutos mientras mis hijos estaban durmiendo, evitando así estar alejado en los momentos en que debo compartir con ellos.

Cuando estoy con mi familia, sabiendo que pude cumplir con mi trabajo, me ayuda a sentir que tengo más tiempo de calidad. Siento que lo que cuenta es estar presente. No es que algo importante está sucediendo esa tarde ni esa noche, solamente estoy con mis hijos en la casa. Les pregunto cuáles exámenes tienen, hablo y participo con ellos y voy conociendo los nombres de sus amigos.

Y sobre ese tema, para todos los padres leyendo este libro, el saber los nombres de los amigos de sus hijos es importante. Cuando éramos pequeños, en los días previos a los teléfonos celulares, nuestros amigos llamaban a nuestra madre por el teléfono de la casa. "Buenas, señora Baldrich, es María", "...es Vanessa", "...es John", "...es Eduardo" o como sea que se llamaba mi compañero de la escuela. Cuando éramos jóvenes, los padres sabían con quién sus hijos estaban hablando. Ahora, los niños hablan por sus teléfonos celulares y no sabes con quién están hablando ni con quién están interactuando a través del Internet o cualquier otro medio que los niños están usando hoy día para comunicarse. Tienes que estar realmente involucrado en las vidas de tus hijos para saber lo que está sucediendo y para que sepan que estás presente para ellos, pase lo que pase. Una manera en que tratamos de lograr esto es siempre comer juntos como familia. Es parte de nuestro plan familiar.

Pequeñas cosas cuentan cuando se trata de tiempo de calidad con nuestros hijos.

Y recuerda, pequeñas cosas cuentan cuando se trata de tiempo de calidad con nuestros hijos. Creo que mucha gente olvida la importancia de simplemente pasar tiempo con sus hijos. Creo que algunas personas se bloquean pensando, "Tenemos que ir a Disney World", o "Tenemos que hacer algo emocionante con ellos. Tenemos que hacer algo grande", cuando realmente se trata del tiempo que pasamos con ellos, asegurándote de que es tiempo de calidad y no concentrándote en cuánto dinero has gastado mientras estás con ellos. Lo importante es pasar el tiempo con ellos. Todo lo que quieren los niños es tu tiempo.

Me encanta hablar con personas que toman diferentes tipos de vacaciones: viajando en una casa rodante durante un par de semanas con la familia entera, o quizás dos o tres caravanas con diferentes amigos y sus familias yendo a acampar, a hacer excursionismo o simplemente alejándose de todo. Hace dos años mi familia y yo pasamos seis semanas en Boulder, Colorado, y fue una de las mejores experiencias que hemos tenido. Alquilamos una casa en las montañas. Mis hijos fueron al campamento durante el día. Hicimos diferentes cosas durante la semana. Había caballos y un perro. Nos fuimos de excursión. Nos fuimos a un paseo en paseo en globo. Fuimos en descensos de ríos y ciclismo. Hicimos todo tipo de aventuras. Estábamos al aire libre la mayor parte del tiempo, casi nunca estuvimos en el Internet, casi nada electrónico nos rodeaba. Fue el mejor tiempo que hemos tenido como familia. No teníamos que comprar ropa, zapatos ni maquillaje nuevo. No teníamos que ir a Disney ni nada parecido. Simplemente estuvimos juntos nosotros cinco. Ni siquiera quería que mis propios padres vinieran, a pesar de lo mucho que aman a sus nietos. Les dije, casi en broma, "No. No pueden ir. Es un tiempo para nosotros cinco solamente. Ningún visitante. Punto y aparte". Fue una experiencia fantástica que compartimos como familia y estoy anticipando hacerlo de nuevo. Sí, por supuesto, tuve que gastar dinero en el viaje, pero no se trataba del dinero como algunas vacaciones de glamour que me cuentan mis amigos. En cambio, fueron unas vacaciones creadas de tal manera que lo que compró el dinero fue más tiempo con mi esposa e hijos sin distracciones para nuestra unidad familiar.

Para nosotros, lo importante era pasar un buen tiempo como familia, simplemente estando juntos. Incluso si pasas tus vacaciones en casa o en las casas de otros miembros de la familia, puedes hacer eso.

Por ejemplo, mi esposa es de Panamá y pasamos la semana de Acción de Gracias allí. Bromeamos porque soy un planificador y mi esposa no lo es. Cuando estamos allí durante la semana, todo el mundo está trabajando. ¿Entonces, qué hago? Me aburro a veces porque no puedo estar con la gente a quien vine a visitar. Es parte de mi sacrificio cuando llevo a mi esposa a ver a su familia. Mis hijos van a pasar un buen rato, y voy a hacer mi parte para sacar el mejor provecho de la situación. Podría quejarme y algunos dirán que tengo el derecho a hacerlo y ganar el caso contra la visita, si quieres decirlo así. Pero no se trata de ganar ni perder. Se trata de la familia. Se trata de estar con tus seres queridos, y este es el tiempo para mi esposa estar con su familia y para yo fortalecer mi vínculo con ellos sin dejar de mencionar que mis hijos llegan a pasar el tiempo con sus primos, tíos y tías. Es parte del equilibrio de todo lo que haces en tu vida cuando estás casado, un sacrificio que no es realmente un sacrificio sino una forma de acercarse a los familiares de tus seres queridos.

Involucrando a la familia en las decisiones

A pesar de los chistes entre mi esposa y yo sobre mis sacrificios y turnándonos con nuestras familias, quiero tratar un tema serio en este capítulo. Es importante involucrar a la familia en tus decisiones.

Es importante involucrar a la familia en tus decisiones.

Te voy a dar un gran ejemplo. Siempre quise vivir fuera de Puerto Rico por uno o dos años para que mi familia pudiera vivir y aprender de esa experiencia. Tal vez lo debería haber hecho después de que vendimos el negocio, pero no lo hice. Hace casi dos años, mi deseo de salir de Puerto Rico se hizo más fuerte, y comenzamos a hablar de ello en familia. Mi esposa estuvo de acuerdo. Una de mis hijas estuvo de acuerdo. Mi otra hija dijo que no, y mi hijo empezó a llorar. Aún así, para adelantar el proceso, hablamos de la idea. Al final, no lo hicimos. También, porque viajo mucho, no hubiera sido justo dejar a mi esposa sola en un lugar nuevo, sin amigos y familia para ayudarla en caso de una emergencia o simplemente para estar con ella si se sintiera sola. Así que nos quedamos en Puerto Rico.

Ahora cuando tenemos estas discusiones, pensamos en las clases de vacaciones que podemos tomar juntos como familia, solo nosotros cinco. Es lo que dije antes: yo pude haber tomado la decisión como padre y cabeza de la familia, o como el sostén, y hacer que se mudaran a donde elegí. Pude haber sido dictatorial como algunos padres, sin la participación de mis hijos. Sin embargo, de esa manera tal vez nadie habría pasado un buen rato. Cuando contaba sobre esta experiencia, mis amigos me decían: "Jofi, deberías haberlo hecho, y ponerle punto final a la discusión con tu familia". No creo que estuvieron correctos. Es como dar el ejemplo y modelar el comportamiento que quieras que ellos sigan. Creo que todo salió bien. Las cosas suceden por alguna razón. En vez de mudarnos de Puerto Rico, por ejemplo, nos mudamos a una casa nueva y ha sido nuestra gran aventura. Todos estamos muy felices y tomamos todas estas decisiones juntos como una familia.

LA GRAN COMPETITIVIDAD FEROZ DE LA VIDA MODERNA

Algo que también he aprendido es cómo mirar mi vida teniendo en cuenta la importancia de la familia. No importa cuán rápido corremos, siempre perdemos en la competitividad feroz de la vida moderna. Crees que serás feliz en el siguiente nivel, pero una vez que logras llegar a ese paso siguiente, buscas algo más grande. Nunca terminas con la competitividad feroz de la vida moderna y puede consumir tu tiempo fácilmente, tu autoestima y tu amor por las cosas que haces y que realmente te hacen quién eres.

No importa qué tan rápido corremos,
siempre perdemos en la competitividad feroz
de la vida moderna.

Estudios han demostrado que cada vez que logras algo en la competitividad feroz de la vida moderna, la felicidad que sientes al llegar a tu objetivo es momentánea.

En el libro La búsqueda de la felicidad (Happier), *por Tal Ben-Shahar, Ph.D., el término competitividad feroz de la vida moderna se refiere a los que siempre están haciendo algo hoy para un beneficio futuro, suponiendo que una vez que alcancen su próximo objetivo serán felices, nunca disfrutando el presente.*

Durante un estudio, le preguntaron a profesores en universidades como Harvard cómo se sentirán una vez que reciban la permanencia y pierdan su temor de ser despedidos en cualquier momento. La gran mayoría sintió que iban a ser más felices con permanencia en su universidad.

Años después, investigadores volvieron a visitar a los profesores que habían recibido la permanencia. Sí, estos profesores eran más felices inmediatamente después de recibirla, pero después de unos meses, volvieron al mismo nivel de felicidad que antes. Lo mismo pasó con aquellos que no recibieron la permanencia. Al principio no estaban felices, pero después de algún tiempo, volvieron al mismo nivel de felicidad que tenían antes. Los descubrimientos de este estudio básicamente dicen que no se trata de alcanzar el siguiente nivel. Se trata de encontrar lo que te hace feliz y lo que da sentido a tu vida.

Se trata de encontrar lo que te hace feliz y lo que da sentido a tu vida.

La gente se confunde sobre el significado de la oficina de la esquina, convirtiéndose en el administrador, convirtiéndose en el supervisor y así sucesivamente. Hay una gran historia de alguien que comienza en el nivel de entrada más bajo—como el departamento de correo—en un editorial, entonces se convierte en redactor, entonces en el asistente del editor y luego en editor. Él siempre está buscando el siguiente paso que va a avanzar su carrera en la empresa y dejar su próxima marca de logros. Pasa toda su vida allí. Se convierte en editor, editor principal, presidente y presidente de la junta, hasta que llega el momento para retirarse y dejar espacio para otro. Toda su vida se ha concentrado en alcanzar el siguiente nivel y nada más. Nunca disfruta de su vida porque lograr estatus corporativo no es lo que realmente lo hace feliz. No tiene tiempo para disfrutar los otros ámbitos de su vida. Por el contrario, siempre está preocupado por el paso siguiente, porque es lo que cree que es mejor. Por eso me estimula cuando veo gente que toma decisiones basadas en lo que los hace más felices en vez de en lo que les generará más dinero o prestigio.

Otra historia trata sobre un profesor, cuyo estudiante llega a pedirle un consejo. "Tengo dos ofertas de trabajo, incluyendo uno que no me gusta, pero gana más dinero y ayudará a mi carrera. El otro paga menos, pero es lo que me encanta hacer aunque no va a ayudar a mi trayectoria profesional. ¿Qué debo hacer?". Su profesor le dice: "Toma la decisión que te hace feliz hoy y en el futuro".
Solo tú puedes tomar decisiones sobre tu vida, nadie más.
Tengo un punto más que quiero compartir antes que sigamos adelante.

Un gran número de personas sufren un deterioro de salud cuando se retiran, mientras otros se sienten más saludables y más felices. ¿Por qué? Los que se ponen más tristes y enfermizos son personas cuyo único propósito en la vida es trabajar. Una vez que dejan de trabajar, se dan cuenta que no queda nada para ellos y se sienten perdidos. Los jubilados que prosperan son los que parecen haber encontrado pasión en sus vidas. Han encontrado algo que realmente los hace feliz y continúan con sus vidas. Lamentablemente, creo que hay mucha gente para quien la vida es solamente el trabajo. No me malinterpreten. Tenemos que trabajar. Tenemos que ganarnos la vida, mantener nuestras familias y nosotros mismos, pero la vida se trata de mucho más que el trabajo.

Leí un artículo el otro día sobre los recién graduados de la escuela de medicina que se habían convertido en médicos. Para ellos, ya no se trataba de trabajar turnos de veinticuatro a treinta y seis horas porque eres un doctor y lo tienes que hacer, sino que se trataba también de encontrar un equilibrio en sus vidas, en cómo integrarlo todo mientras eran médicos. Las personas son más conscientes en cuanto a que la vida no se trata solamente de una carrera profesional. No se trata solamente de la competitividad feroz de la vida moderna, sino también de la clase de vida que deseas tener. Estamos viendo estos objetivos expresados por los jóvenes de esta nueva generación.

¿No es irónico que son los jóvenes que nos enseñan sobre encontrar el equilibrio en nuestras vidas? Sin embargo, una vez más, siempre hay algo que aprender de todo el mundo que nos rodea. Se trata de tomar el tiempo para escuchar, para aprender y para encontrar la capacidad de vivir la vida que quieres vivir.

Se trata de tomar el tiempo para escuchar, para aprender y para encontrar la capacidad de vivir la vida que quieres vivir.

CAPÍTULO CUATRO

¿Qué tipo de vida estás viviendo?

Después de que vendimos el negocio familiar, sin duda tenía mucho más tiempo en mis manos. Esto significaba que me encontré en busca de qué hacer. Comencé haciendo más ejercicios, corrí unos maratones, participé en un par de triatlones, aprendí a bucear y me convertí en un Divemaster.

Cuando medité sobre la vida que estaba viviendo mientras trabajaba en la empresa familiar, me di cuenta de que vivía en lo que me gusta llamar "cruise control". Iba por la vida, básicamente, haciendo lo que pensaba que estaba supuesto a hacer. La gente hace esto de muchas maneras y en muchos momentos de sus vidas.

Al repasar, siento que estaba haciendo todo porque se suponía que fuera así, según lo que otras personas alrededor de mí pensaban y según sus expectativas y las de la sociedad. A veces, debido a esto, andas en piloto automático sin ser consciente de la vida que estás viviendo. Después de que vendimos el negocio, cuando tuve tiempo en mis manos y poca dirección, comencé a ser introspectivo sobre el tipo de vida que quería vivir y el tipo de carrera que quería elegir. Descubrí esto por mí mismo. Me di cuenta de que necesitaba ser más consciente de mi realidad para asegurarme de que estaba viviendo la vida que quería vivir y no la que otros me impusieron ni la que mi cultura o la sociedad esperaba de mí. Me negué a escuchar a la gente que me dijo cómo yo debería ser según sus expectativas.

Ese es el proceso por el cual estoy pasando mientras estamos juntos aquí con este libro y el cual seguiré pasando el resto de mi vida, porque desde entonces he estado planteándome nuevas interrogantes. Creo que en cualquier momento de tu vida deberías preguntarte: "¿Qué tipo de vida estoy viviendo? ¿Es la vida que quiero vivir?".

"¿Qué tipo de vida estoy viviendo? ¿Es la vida que quiero vivir?"

Cuando haces esto y empiezas a conocerte mejor, puedes realizar los cambios que sientes que tienes que hacer. Nadie más que tú debe tomar decisiones sobre el tipo de vida que quieres vivir.

De eso se trata. Lo más profundo de todo esto es que hay personas que son felices y disfrutan de su vida, pero no la aprecian. "Sí, está bien, soy feliz". Sin embargo, si piensan más profundamente y reflexionan sobre la vida que viven cuando están contentos y cuando no están contentos, quizás encuentran que podrían ser aún más felices. Pueden estar haciendo cosas que les encantarían hacer. Encuentro que, tal vez inconscientemente, hay personas que sienten que no pueden salirse del tipo de vida que están viviendo. Otros sienten que, aunque sean infelices, su vida miserable es lo que están supuestos a vivir y no hay ninguna otra manera de vivir y no existe nada que pueda mejorar su situación.

Las personas se pierden en sus propias vidas cuando no debería ser así. Deberíamos estar haciéndonos las preguntas que nos darán la dirección que necesitamos tomar, las preguntas que nos ayudarán a encontrar el camino correcto. Las respuestas no son las que otros quieren que hagas ni las que ellos piensen que debes hacer, sino las que tú quieres hacer.

Las respuestas no son las que otros quieren que hagas ni las que ellos piensen que debes hacer, sino las que tú quieres hacer.

Creo que una vez que empiezas haciéndote las preguntas correctas sobre el tipo de vida que quieres vivir y el tipo de vida que estás viviendo, comienzas a recibir respuestas. Y esas respuestas vienen de ti. No se pueden encontrar en Internet ni en un libro. Bueno, todo eso te puede ayudar, ya que de lo contrario no estaríamos aquí juntos ahora mismo aprendiendo el uno del otro. Aún así, al final del día, tú eres quien debe tomar la decisión sobre qué tipo de vida debes vivir y cómo vivirla.

¿ERES REALMENTE FELIZ?

Normalmente cuando saludas a las personas y preguntas si están contentos, responden, "Sí, sí, lo estoy", casi automáticamente como costumbre y sin pensar. Pero cuando están en un escenario donde la gente realmente está hablándose, quizás en un retiro donde la gente se sincera, te das cuenta de que no están contentos y que muchos de ellos piensan que no pueden hacer nada acerca de sus vidas. Creen que las circunstancias van a quedarse iguales para siempre y que están atrapados.

En cambio, lo que podrían hacer es reflexionar sobre sus vidas y averiguar, aprender y preguntarse cómo salirse de todo eso para empezar su vida de nuevo.

En su libro *La búsqueda de la felicidad*, el profesor Tal Ben-Shahar, Ph.D., habla de cuatro arquetipos que describen diferentes patrones de actitud y comportamientos. Uno de ellos es el participante de la competitividad feroz de la vida moderna. El participante de la competitividad feroz piensa que logrando la siguiente meta lo hará feliz. Digamos que eres un participante de la competitividad feroz. Estás siempre buscando la próxima oportunidad en tu trabajo y es la única meta en tu vida. Pero un día podrías darte cuenta que quieres más balance en tu vida y quieres pasar más tiempo con tu pareja o tus hijos, pero no sabes cómo hacerlo. Sin embargo, hay maneras de obtener ayuda: quizás contrates a un coach, quizás empieces a leer libros de autoayuda para ayudarte a salir del modo de la competitividad feroz y ponerte en el camino a la felicidad.

Creo que a veces la gente tiene miedo de encontrar la manera de cómo hacer ese cambio.

Creo que a veces la gente tiene miedo de encontrar la manera de cómo hacer ese cambio. Tienen miedo de descubrir lo que realmente no los hace felices. Hacer un cambio en uno mismo, incluso desde un estado infeliz a uno de más felicidad, es alarmante para mucha gente. Por lo tanto, no lo hacen. Tiene miedo de hacerlo. Los seres humanos no están acostumbrados al cambio. Si tú has estado viviendo de cierta manera durante los últimos cuarenta años y quieres hacer un cambio, no va a ser fácil. Pero se puede hacer. Tienes que hacerlo paso a paso. Va a tomar tiempo, pero al final vas a ser mucho más feliz que hoy.

Si deseas esconderte detrás de la cortina de "sí, esta es la vida que estoy supuesto vivir" o "lo que sea, estoy atrapado aquí", tú estás tomando esa decisión; tú estás tomando esa elección, nadie más. Incluso el elegir no cambiar es una decisión.

Incluso el elegir no cambiar es una decisión.

CUESTIONES PERSONALES CON LA FAMILIA

El mirar en mi interior me ha ayudado a seguir aprendiendo acerca de mí mismo y sobre por qué hago las cosas que hago. Me ayuda cuando hablo con mi familia y comparto con ellos las cosas que estoy aprendiendo y lo que son mis pasiones verdaderas. Quiero que sepan lo que estoy haciendo, por qué lo estoy haciendo, por qué estoy viajando, y todas las cosas por las cuales me siento tan apasionado. Tienen una idea de lo que hago. Mi hijo a veces me dice que tengo el peor trabajo del mundo porque le parece que todo lo que hago es hablar por teléfono. Eso es lo que siente, sobre todo cuando tengo que tomar una llamada en la casa por la noche. Él es demasiado joven para entender los esfuerzos que hice para poder tomar esa llamada en la casa y estar cerca de él. Claro que sería mejor no tener que tomar esa llamada por la noche, pero ahora mis circunstancias han mejorado. En el pasado, habría estado en la oficina tarde en la noche y lejos de mi familia.

La unión familiar se fortalece cuando mi esposa y mis hijos entienden lo que hago y la diferencia que produzco en la vida de otras personas como coach. Saben que si estoy lejos haciendo este trabajo es porque estoy ayudando a otras personas a encontrar su felicidad, sus valores y el significado en sus vidas—cualquier aspecto en el que estoy trabajando con un individuo en particular. Cuando mi familia entiende mi trabajo, están más involucrados en lo que hago. Les da satisfacción saber a lo que me dedico y por qué lo hago. Involucrarlos en mi trabajo, hacerles saber la importancia y lo mucho que me encanta lo que hago, ayuda a la unidad de mi familia.

Involucrarlos en mi trabajo, hacerles saber la importancia y lo mucho que me encanta lo que hago, ayuda a la unidad de mi familia.

Quisiera contarte una experiencia vivida como parte de un trabajo que realicé en Singapur. Mi hijo me preguntaba por qué tenía que irme. Él lloraba ante el hecho de que estaba dejándolo otra vez.

Esta experiencia se convirtió en parte de mi trabajo en un taller que llevé a cabo en Singapur con la Young Presidents' Organization (YPO). Al final del taller, organicé un círculo con todos en la sala, hombro con hombro. Éramos 125 personas, más o menos. Les conté sobre la tristeza de mi hijo y me di cuenta que lágrimas corrían por mi rostro. Les dije que sabía por qué yo estaba allí. Era porque amo a mi familia tanto como ellos amaban a los suyos, y al compartir este amor con todos ellos, podríamos juntos aumentar la felicidad de las familias de YPO alrededor del mundo. Era mi deber, mi llamado, mi pasión estar ahí y compartir mi riqueza de conocimiento con el mayor número de personas posible.

REFRESCANDO TUS PENSAMIENTOS SOBRE LA VIDA

Creo que es importante mirar cómo vivimos nuestras vidas, por qué hacemos lo que hacemos y dónde es que queremos ir. Si no nos detenemos a reflexionar sobre nuestras vidas, podríamos terminar preguntándonos cómo hemos llegado adonde estamos. Al hacer esta introspección en nosotros mismos, tendremos una idea de dónde estamos y cuáles cambios sentimos que tenemos que hacer para seguir el camino que queremos.

Debes hacer evaluaciones constantes de tu vida para aumentar tu felicidad.

Debes hacer evaluaciones constantes de tu vida para aumentar tu felicidad. Es como reunirse por lo menos una vez al año con tu pareja, tus hijos y uno mismo a pensar en lo que intentas lograr con tu vida, tus metas y tu felicidad. ¿Qué tipo de vida vives? ¿Qué es lo que quieres hacer? Algunas personas hablan de su lista de las cosas que quieren hacer antes de irse de esta tierra. Llámalo como quieras llamarlo, pero ¿por qué estás aquí en esta tierra? ¿Cuál es tu llamado?

¿Cuál es tu pasión? ¿Estás haciendo lo que te apasiona más? Tú debes preguntarte ese tipo de pregunta, profundizando para encontrar tu pasión y lo que te gusta hacer.

Una vez más, creo que la gente anda en "cruise control". Por ejemplo, se dicen que solo quieren vivir esta vida y eso es todo. Para ellos, no hay nada malo con eso. No están haciendo daño a nadie; simplemente están viviendo.

¿Pero eres realmente consciente de la vida que estás viviendo?

¿Realmente lo comprendes? ¿Estás seguro de que es el tipo de vida que tú realmente quieres vivir?

TODO EL TIEMPO Y DINERO EN EL MUNDO

A veces, nos hacemos esta pregunta: "Si tuvieras todo el tiempo y dinero en el mundo y pudieras hacer lo que tú quisieras, ¿qué harías?". La gente se pone a pensar. Tal vez expresan cosas ridículas, objetivos que son tal vez demasiado exagerados, pero la mayoría de las veces mencionan cosas que realmente pueden hacer. Durante todas sus vidas se han bloqueado a sí mismos, pensando que muchos de sus metas no eran alcanzables. Puede ser algo simple, por ejemplo, un viaje de fin de semana. Tal vez expresan un deseo de ir a Nepal durante dos semanas para meditar en la cima de una montaña, o tal vez siempre querían bucear en la Gran Barrera de Coral en Australia. Si nunca te has preguntado esa pregunta y sigues viviendo tu vida en "cruise control", convenciéndote que todo está bien, continuarás en "cruise control" hasta el final de tu vida. Entonces, cuando te das cuenta y digas, "¡Caray! ¿A dónde se fue todo el tiempo? ¿Cómo llegué aquí?" podría ser demasiado tarde.

Por eso creo que a veces cuando estamos hablando con ciertas personas y ves todo lo que han hecho, eso realmente abre tus ojos. Entonces piensas sobre el tipo de vida que estás viviendo. Algunas personas siguen adelante y hacen algo con sus vidas, y algunas personas no hacen nada y son las mismas al día siguiente.

Fui recientemente en un viaje a Camboya. No creo que en mi vida anterior, cuando tuve la compañía de seguros familiar, hubiera ido a ese lugar. Pero siempre había querido ir. Yo quería encontrar una manera de ver los monumentos antiguos, a meditar, estar en un lugar muy diferente de aquel donde me crié. Pero ahora que he estado allí, a menudo miro la foto que yo mismo tomé con mi Black-berry y pienso en cuánto he cambiado.

Por ejemplo, como mencioné anteriormente, quería mudarme de Puerto Rico por lo menos durante un año. Cuando trabajaba en el negocio de familia no pude hacerlo. Después de que vendimos y fui al Proceso Hoffman de la Cuadrinidad, la idea de vivir en el extranjero volvió a mi mente mucho más fuerte. Mi esposa, mis hijos y yo intentamos irnos por un año. En ese momento creo que mis hijas estaban en el quinto grado o entrando al sexto grado. Estaba empezando a viajar mucho. No era el momento y nunca lo hicimos.

EL PROCESO HOFFMAN DE LA CUADRINIDAD
Según su sitio web

El proceso Hoffman de la Cuadrinidad es un programa residencial de ocho días de renovación espiritual y reeducación emocional. Por favor, visite su sitio web en www.institutohoffman.com para más información.

Por eso decidimos pasar un verano entero en Boulder, Colorado, donde la pasamos superbien. Nos dio la oportunidad de estar juntos lejos de casa, tal vez no por la cantidad de tiempo que yo había soñado, pero fue una solución que funcionó muy bien para todos nosotros como familia. Logramos nuestro objetivo de estar juntos de una manera que no nos desarraigara ni distanciara a mis hijos de su escuela. Y por eso somos una mejor familia con más experiencia. Nunca dejé de soñar y por eso continué buscando alguna manera de hacer que el sueño funcionara para todos nosotros.

Quizás en ese entonces, justo después de vender la empresa, era el momento perfecto para viajar por un año en vez de pensar y preguntar qué iba a hacer con mi vida. Pudiera haber hecho eso en alguna otra parte del mundo y dar a mi familia la experiencia de vivir en otra cultura por uno o dos años. Pero una vez más, trabajando juntos encontramos un solución salomónica.

Aunque no sucedió exactamente como lo había planeado origi- nalmente, es un ejemplo que ofrezco a todo el mundo para ayudarles a preguntar si están haciendo lo que quieren hacer y para animarlos a escribir sus metas. Deben hablar con sus parejas y pensar en la vida que están viviendo. ¿Qué es lo que quieren hacer con sus vidas?

La gente podría sorprenderse una vez que se sinceran sobre lo que realmente quieren en la vida.

La gente podría sorprenderse una vez que se sinceran sobre lo que realmente quieren en la vida.

Algunas veces solo pensamos en la familia y las responsabilidades. Queremos ser buenos padres y dar a nuestros hijos una educación y seguir adelante. Podemos hablar todo el día sobre lo que queremos inculcar en nuestros hijos. Queremos enseñarles integridad. Queremos enseñarles grandes valores, honestidad y las cosas que son importantes para nosotros. Si no tenemos cuidado podríamos perder precisamente lo que pretendemos enseñarles.

EL CREDO DE ROCKEFELLER Y YOUNG PRESIDENTS' ORGANIZATION

Pertenezco a una organización llamada Young Presidents' Organization (YPO). Cada año tenemos un retiro donde contratamos a un facilitador o coach para ayudarnos durante el proceso.

Antes de ir a uno de nuestros últimos retiros, nuestro facilitador nos dio una lista de preguntas y un ejercicio para completar. Nos dieron mucha información, junto con preguntas para responder. El último ejercicio era escribir un credo personal. Había sido un día largo para mí y no podía creer que la última pregunta me parecía la más difícil.

El ejercicio se basaba en la vida de John D. Rockefeller Jr., uno de los hombres más ricos que el mundo haya conocido. Nuestro facilitador nos dijo que en 1961, un año después de la muerte de Rockefeller, una placa inscrita con el credo famoso "Creo" se instaló en el Centro Rockefeller en la ciudad de Nueva York donde todavía está hoy. La encontrarás al final del paseo que te lleva a la Quinta Avenida, justo cuando llegas al jardín hundido abajo de la estatua de oro de Prometeo, el lugar en donde está la pista de hielo en el invierno. Está a plena vista, pero en realidad es difícil de ver. Miles de turistas se paran al frente de esta placa significativa todos los días, bloqueándola, mientras se toman fotos con Prometeo en el fondo. Si la mayoría de los turistas tomara el tiempo de leer esta placa, me pregunto cuánto más gratificante serían sus viajes a Nueva York.

EL CREDO DE ROCKEFELLER

Creo en el valor supremo del individuo, en su derecho a la vida, a la libertad y a la búsqueda de la felicidad. Creo que todo derecho implica una responsabilidad; toda oportunidad, una obligación; toda posesión, un deber.

Creo que las leyes se hicieron para los hombres y no los hombres para las leyes; que el gobierno es el servidor del pueblo y no su dueño. Creo en la dignidad del trabajo, sea manual o intelectual; que el mundo no le debe el sustento a ningún hombre, pero sí la oportunidad de ganarse la vida.

Creo que el ahorro es esencial a la vida bien ordenada y que la economía es la base fundamental de una estructura monetaria sana, sea gubernamental, comercial o personal. Creo que la verdad y la justicia son fundamentales en cualquier sistema social perdurable.

Creo en la santidad de las promesas, en que la palabra empeñada debería valer lo mismo que cualquier fianza, y que el carácter—no la riqueza, ni el poder, ni el cargo—constituye el valor supremo.

continúa...

> *Creo que la producción de un servicio útil es el deber común de la humanidad y que solo en el fuego purificador del sacrificio se consume el egoísmo y se libera la grandeza del alma humana.*
>
> *Creo en un Dios omnisapiente y de todo amor, denominado por cualquier nombre, y que el más alto logro del individuo, su mayor alegría y su mayor utilidad, se encuentran en vivir en armonía con su voluntad.*
>
> *Creo que el amor es la cosa más grande del mundo; que solo él puede superar el odio; que el derecho puede y va a triunfar sobre la fuerza.*

El instructor nos preguntó qué queríamos inscrito en piedra como nuestro credo personal. Empecé a escribir y me involucré en el ejercicio. Creo que fue una de las tareas más gratificantes que he tenido, la cual capturó totalmente mi imaginación.

Lo que terminé haciendo es lo que llamo mi propia obra de arte, lo que realmente creo, mi credo. El credo de Jofi.

EL CREDO DE JOFI

Yo creo en el amor.

Yo creo en la individualidad; ama lo que te hace diferente.

Yo confío en todo el mundo hasta que me den una razón para no confiar en ellos, y aún así probablemente les daré otra oportunidad.

Yo ayudo lo más que puedo.

Cada uno de nosotros tiene el poder y la voluntad para convertirse en lo que uno quiera; los únicos que nos puede parar somos nosotros mismos.

Yo creo en Dios.

Yo creo que ser padre es el regalo más preciado que Dios nos ha dado, y con eso viene la familia, un bono increíble.

Las salidas y puestas de sol existen para disfrutase. Pasa con tus seres queridos el mayor tiempo posible. Dios te hizo tal como eres.

Sigue tu propio corazón, tus propias intuiciones, no la de los demás.

Encuentra una pasión en tu vida. Sé lo más libre posible.

Comparte tu riqueza con todo el mundo. (No estoy hablando de dinero, sino de tu conocimiento, felicidad, habilidades, etc.)

Yo me disfruto la sonrisa de un niño joven.

continúa...

Yo creo en leerles a los niños cada noche.

Yo creo en besar a los hijos cada día hasta mi último día en esta tierra.

Yo creo en tomar riesgos. Sé que puedes hacerlo.

Yo quiero tu amistad.

Dame una sonrisa si no tenga una en mi cara cuando te veo. Disfruta el presente, este instante.

Tienes el poder de cambiar el mundo. Estoy aquí para ti.

Yo elijo creer que estoy aquí para un propósito; encuentra ese propósito.

Soy mucho más de lo que tus ojos pueden ver. Yo creo en el perdón.

Yo creo en mí mismo.

Yo creo en el amor.

Me esfuerzo por vivir este credo y siempre lo mantengo a la vista.

Me esfuerzo por vivir este credo y siempre lo mantengo a la vista. Está pegado en la pared al lado de mi computadora mientras escribo este libro. Lo veo todos los días. Me sigue recordando quién soy y mis valores. Siempre estoy pensando en mi credo y preguntándome y comprobándome para ver si estoy viviendo la vida que quiero vivir. Crear un credo personal te impacta. Incluso el acto de escribirlo tiene un impacto más allá de simplemente pensar en ello. El efecto es más fuerte. Y el impacto se fortalece cada vez que lees el credo. Tu credo es algo por el cual vivir.

Es algo que estoy muy orgulloso de haber hecho desde el año pasado. Hablo de mi credo personal por todas partes y con cada facilitador de retiro y en cada evento que asisto. Animo a todos a escribir los suyos. Te voy a dar un ejemplo. Escribimos credos personales en un viaje que hice para adolescentes en Arizona. Estamos hablando de adolescentes de diecisiete, dieciocho y diecinueve años de edad. Era realmente precioso escuchar sus credos, desde lo técnico a lo divertido y otros que eran intensamente serios y maduros. Era lo que estos adolescentes creían. Incluso a esa edad aparentemente joven, antes de pasar por todas las experiencias de la vida, jóvenes pueden tener credos acerca de la vida que quieren vivir y cómo quieren vivirla, guiándolos en sus pensamientos, planes y decisiones. Sus seres verdaderos empezaron a salir y era una belleza estar allí para verlo.

Creo que escribir un credo realmente te ayuda a convertirte en tu ser auténtico. Es como traer a la superficie el ser que realmente eres. Cuando lo escribes dices, "¡Wow!" Te sirve para despertar y cuestionarte si estás viviendo la vida según tu credo. Tiene un impacto que te mueve hacia delante.

Simplemente creo que cuando escribes tus valores en un papel, cuando redactas tu credo y lo ves en blanco y negro, tiene un tremendo impacto. Eres la persona que lo escribió y esto te ayuda a interiorizar, de manera profunda, el mensaje que te estás enviando a ti mismo. No se trata solo de pensar en ello. El acto de escribirlo tiene un gran efecto.

Sabemos que escribir las cosas funciona. Pero muchas veces es demasiado tarde cuando por fin entendemos este proceso. A algunas personas no les gusta escribir, aunque les ayudaría.

Así que va más allá de simplemente escribir nuestros credos. El acto de escribir ayuda a poner tus pensamientos en orden cuando necesitan ser organizados o cuando las cosas necesiten ser reconsideradas.

El acto de escribir ayuda a poner tus pensamientos en orden cuando necesitan ser organizados

Ahora lo que quiero es que agarres un bolígrafo y una hoja de papel, o tal vez enciendas tu computadora. Incluso tu iPad servirá.

¿Cuál es tu credo personal? Tómate unos minutos y escribe los valores en los que crees. Ahora toma lo que has escrito y pégalo encima de tu escritorio para que siempre lo tengas como referencia. O pégalo en la nevera—en cualquier lugar que sabes que lo vas a ver a menudo.

Una vez que anotes tu credo y lo pongas en la pared de tu oficina, tu computadora o tu nevera, te ayudará a recordarte de lo que crees.

CAPÍTULO CINCO

Tu relación contigo mismo

Hemos hablado mucho sobre lo importante que es tener una relación sana con tu vida de trabajo, con tu familia y tus seres queridos.

Sin embargo, muchas veces la persona que ignoramos en las relaciones es a uno mismo. Descuidas tu salud y bienestar, poniendo los de los demás antes que tú. Es importante mantener un equilibrio, incluso cuando estés trabajando mucho. No puedes hacer nada a menos que te cuides.

Mucha gente con quien me encuentro en el curso de mi coaching da por hecho su salud. Sienten que tienen que esforzarse a hacer más que lo suficiente, lo cual muchas veces piensan que no es suficiente, para su familia. Si lo piensas bien, siempre hay razones para seguir trabajando más. A pesar de todo, a menudo no nos cuidamos a nosotros mismos. La persona número uno que debes cuidar eres tú.

Se nos enseña a temprana edad a no ser egoísta y siempre pensar en los demás, compartir, dar de nuestro tiempo y hacer todo lo posible para complacer a los otros.

Lo que falta en este discurso es que nunca pensamos que primeramente tenemos que cuidarnos a nosotros mismos para poder cuidar a todos los demás. Si me enfermo, no puedo trabajar ni poner comida en la mesa para mi familia. Si estoy enfermo no puedo cuidar a mi cónyuge y a mis hijos. Si estoy fuera de forma o si me voy a morir joven, no voy a poder ver a mis nietos. Las personas no son conscientes de la forma en que cuidar de sí mismos impacta lo bien que pueden cuidar a otros.

Un gran, gran ejemplo que siempre doy acerca de esto es cuando hay una emergencia en el avión y las máscaras de respiración bajan. ¿Qué es lo que dicen que se debe hacer primero? En primer lugar, colóquese la máscara a sí mismo antes de ayudar a otra persona. En pocas palabras, si no lo haces primero, te desmayas y mueres, y no serás capaz de ayudar a nadie.

Te voy a dar otro ejemplo de buceo. Te enseñan que, en caso de emergencia, debes primero parar, respirar, pensar y entonces actuar. Si tú solo te tiras al agua, en vez de tener una víctima podríamos tener dos. Tenemos que cuidarnos a nosotros mismos antes de intentar cuidar a los demás.

Tenemos que cuidarnos a nosotros mismos antes de intentar cuidar a los demás.

Hoy en día las personas no toman tiempo para ellos mismos porque piensan que sería egoísta. No quieren tomar un momento una vez a la semana ni una vez al mes para sus propias necesidades físicas y mentales—por ejemplo, tomar algún tiempo para leer por sí mismos, ver una película, o hacer lo que les hace sentir recuperados. Las personas no lo hacen simplemente porque sienten que están quitando el tiempo de su familia, de su cónyuge, de su trabajo, de lo que sea más importante en ese instante.

TU SER FELIZ

Cuando haces eso, vas a poder dar más de ti mismo y más de lo que a mí me gusta llamar "tu ser feliz". Serás una persona más consciente, más capaz o más dispuesto a trabajar una vez que has tomado tiempo para cuidarte. Hemos visto esa idea desarrollarse lentamente en diferentes compañías con el valor añadido de habitaciones de meditación y ejercicio. O toman tiempo para diferentes tipos de descanso, porque la gente necesita reponerse antes de cuidar otras responsabilidades en la vida. Algunas empresas tienen habitaciones de siesta, dándose cuenta que todos tenemos diferentes momentos en que necesitamos descansar, aunque sea por quince o veinte minutos antes de volver a nuestros escritorios. A menudo, incluso cuando nos sentimos sobrecargados, esos pocos momentos cortos son suficientes para recargar nuestras baterías.

Creo que el descanso adecuado es importante para tu salud, además de comer saludable mientras haces todo lo que necesitas hacer.

Les voy a dar un ejemplo. He hecho algunos triatlones, entrenando los lunes, miércoles y viernes. A las 5:00 a.m. ya estaba en la piscina. Mi vida durante los últimos dos años ha girado alrededor de eso. Entonces me di cuenta que no era feliz haciéndolo. De hecho, me di cuenta que no me gustaba tanto. Simplemente me había enredado en la fiebre de la competencia de Ironman, así como tantos otros en Puerto Rico.

Ahora estoy en el proceso de organizar mi vida atlética a ver qué es lo que realmente quiero hacer. ¿Qué tipo de ejercicio quiero hacer, cuándo lo quiero hacer y cuánto tiempo lo voy a poder hacer? Con reexaminar y organizar mi tiempo de ejercicio, encuentro que ahora estoy realmente disfrutando mis mañanas. Me despierto, medito, me preocupo por mis peces, reviso mi patio. Ahora me despierto más relajado y tomo tiempo para mí mismo cada mañana.

Durante el tiempo que me tomó escribir este libro, me enteré de CrossFit. Es un entrenamiento funcional de alta intensidad. Cada sesión es diferente y siempre es un desafío a uno mismo. Me encanta. Hay personas maravillosas en mi grupo y hay gran camaradería; todos nos apoyamos mutuamente.

Al mismo tiempo, estoy cuidando de mí mismo. La gente que sabe que no tengo el régimen intenso que una vez tenía me dicen, "Oh, pero tú no has aumentado de peso". Bueno, me estoy cuidando. Que no estoy haciendo ejercicio como antes no significa que voy a engordar y ponerme fuera de forma. Me cuido y estoy aun más consciente de hacerlo porque no estoy haciendo ejercicio. Creo que es muy importante ser consciente de eso.

Me encanta trabajar en mi patio al aire libre. También quiero aprender cómo hacer bonsái—el arte de cultivar pequeños árboles japoneses—porque creo que es muy reflexivo y relajante. Una noche, durante una cena, aprendí de un amigo sobre lo relajante que es para él. Este amigo ha estado haciendo bonsáis desde que terminó la escuela de medicina. Durante los últimos veinte años ha cultivado más de treinta y cinco bonsáis y simplemente le encanta. Durante la cena, fue una revelación. Me di cuenta que "¡Wow! Quiero hacer eso. Voy a ver si puedo tomar algunas clases y comenzar con mi primer bonsái a ver cómo va".

Necesito empezar averiguando otras cosas que quiero hacer para mí mismo. He encontrado que realmente me gusta trabajar en mi casa, en mi patio, con todas mis cosas allí. En el pasado, nunca hacía eso. Es una de mis salidas para la relajación y para estar solo. Y hay muchas más actividades que puedo encontrar, que todos podemos encontrar, dependiendo de nuestras propias circunstancias únicas.

Ahora tengo un espacio en mi casa que utilizo estrictamente como mi oficina. No ha sido decorado. No tengo nada personal en él. Para empezar, encontré una silla y una mesa que ya teníamos en la casa y lo coloqué en una habitación extra. Me gusta trabajar allí en casa cuando no estoy viajando ni en la oficina de la empresa, para así poder equilibrar el trabajo con estar en casa con la familia y tomando mis descansos con ellos. Mi objetivo es maximizar mi tiempo con ellos. Cuando viajo mucho, es importante asegurarme de que estoy con la familia tanto como sea posible.

Como ejemplo, el otro día tuve una llamada telefónica a las 7:00 a.m., la cual contesté en mi oficina en casa en vez de tener que ir a la empresa temprano. Eso es el tipo de cambio que estoy haciendo en mi vida para cuidar de mí mismo. Mientras más feliz soy, más productivo me siento. Todo el mundo en mi vida se va a beneficiar, desde mis clientes, mi esposa y mis hijos—todo el mundo. Es realmente gratificante poder hacer las cosas de esta manera.

Mientras más feliz soy, más productivo me siento.

Tenemos que pensar en esto más a menudo: el tiempo que tomamos para nosotros mismos, sea una pausa para tomar café o unas vacaciones de verdad, beneficia a los demás porque nos beneficia a nosotros mismos.

El tiempo que tomamos para nosotros mismos, sea una pausa para tomar café o unas vacaciones de verdad, beneficia a los demás porque nos beneficia a nosotros mismos.

Una palabra antigua para esto—especialmente cuando trata de algo como las plantas de bonsái de mi amigo y las cosas pequeñas que nos encanta hacer—es pasatiempo. Creo que es importante encontrar un pasatiempo, una o dos cosas que realmente te encanta hacer fuera de tu familia y tu trabajo. El tiempo simplemente vuela cuando estamos disfrutando de tales actividades. En mi caso, he encontrado que disfruto mucho trabajar en mi patio y hacer ejercicios.

Les daré un ejemplo de mi propio padre. Antes bromeaba que él necesitaba un pasatiempo porque no iba a tener nada que hacer cuando se retirara. Ahora que está retirado, creo que a veces está aburrido. Juega golf, que siempre lo hacía, pero no es algo que puede hacer todo el día cada día. Está leyendo más y pasando tiempo con sus nietos, y de eso es lo que estoy hablando. Es poderoso desarrollar un pasatiempo que puedes hacer por el resto de tu vida.

> ## *Es poderoso desarrollar un pasatiempo que puedes hacer por el resto de tu vida.*

Por ejemplo, quiero aprender a tocar el piano o la guitarra, o quizá los tambores. Es algo que está en mi lista. Me gustaría poder hacerlo hoy. Ojalá pudiera hacer un montón de cosas hoy, pero al final del día sé que es simplemente imposible. No tengo tiempo. Lo tengo como un pensamiento o un deseo. Soy consciente de ello, manteniéndolo en mis pensamientos, para que cuando llegue el momento, vaya a hacer que suceda. Lo veo como algo muy diferente a los deportes, que es mi forma habitual de pasar el tiempo. Nunca aprendí a tocar un instrumento, y esa es una gran parte de la atracción.

Empezar un pasatiempo nuevo, encontrar algo nuevo que hacer, desafiarte a ti mismo, es una manera de mantenerte alerta y tu mente trabajando, aun mientras el pasatiempo te relaja. Por supuesto, debes asegurarte de que cuando empieces un nuevo pasatiempo, no resulte en una situación desafiante ni te vayas al otro extremo. Siempre enfatizo que cuando la gente hace Ironman, mucho de su tiempo se invierte en el entrenamiento y viajando a la competencia. Estamos hablando de tres deportes y tienes que entrenar todos los días. Si tienes una familia, le robas tiempo de ellos. Es importante retarse, ¿pero qué estás sacrificando al hacerlo? ¿Qué es lo que no estás cuidando por estar entrenando? No estoy tratando de juzgar a nadie aquí. Solo estoy tratando de abrir un tema para reflexionar sobre el mismo. Un pasatiempo debe ser algo que disfrutas y que te relaja, en vez de ser otro campo en el que sientes que debes competir además del trabajo. Eso simplemente derrota su propósito.

Quizás hay muchas cosas que queremos hacer, muchas cosas en las que queremos esforzarnos por ser mejor. Por ejemplo, ahora mismo, estoy trabajando en una nueva rutina de correr y tratando de incorporarlo en mi agenda. Es algo que creo que va a ser bueno para mí, una vez que comience a hacerlo. Sin embargo, no quiero ejercer presión sobre mí mismo para hacerlo. Quería empezar un par de semanas atrás, pero no lo hice y eso está bien. Quería correr ayer, pero se hizo demasiado tarde y no pude. Está bien. En cualquier momento voy a empezar. También voy a despejar mi agenda, pero no me estoy castigando con pensamientos malos por no haberlo hecho.

Creo que lo importante es aprender de las experiencias y seguir avanzando. No estoy diciendo esto para darte una excusa para retrasar el ejercicio, pero debemos darnos permiso para ser humanos. No tenemos que ser tan rígidos con nosotros mismos. Cuando faltamos un día, como a veces sucede, tendemos a criticarnos porque natural-mente queremos hacer lo mejor posible y hacer lo que tenemos que hacer mientras no sea inmoral ni ilegal. La crítica es un pensamiento negativo. Hay bastante gente en nuestras vidas que va a ser crítico de nosotros. Queremos asegurarnos de que somos los últimos en hacerlo a nosotros mismos. Hay un punto que quiero dejar muy claro, tan claro que creo que es importante reiterarlo ahora que estamos al final del capítulo. Sencillamente, mientras mejor seas contigo mismo, mejor serás con las otras personas y mejor serás con tus compañeros de trabajo.

Debemos darnos permiso para ser humanos.

Mientras mejor seas contigo mismo, mejor serás con otras las otras personas

---

Puedes ser mejor contigo mismo en muchos sentidos: cuidando de tu salud, disfrutando de pasatiempos, ejercitándote y así por el estilo. Recuerda que al tomar tiempo para ti mismo te convertirá en una persona mejor para los demás.

Creo que una vez que estás cuidando de ti mismo primero, una vez que estés saludable—que quiere decir que estás sano, libre de prejuicios y haciendo todo lo que puedes para ocuparte de ti mismo—vas a estar en una mejor posición para ayudar a los que te rodean a hacer lo que les encanta hacer. Tu influencia y producción para los demás va a ser más positiva. Todos aquellos que amas y con quien trabajas se van a beneficiar.

CAPÍTULO SEIS

Tu relación con el dinero

Hemos hablado de nuestras relaciones con otras personas y con nosotros mismos. Ahora haremos la pregunta que algunos piensan es aun más personal: ¿Cuál es tu relación con el dinero?

Cuando piensas en dinero, ¿en qué piensas? La obsesión por el dinero y cuánto estás ganando te puede dominar. Incluso puede hacerte infeliz mientras haces algo que pensabas que iba a ser gratificante.

¿Cuánto es suficiente?

Cuando hablan de dinero, algunas personas no tienen ni idea de cuánto es suficiente. Quiero empezar diciendo que yo no creo que haya nada malo con ganar dinero ni con tener mucho dinero. Pero deberíamos ser conscientes del efecto que el dinero tiene en nosotros, en la forma en que vivimos nuestras vidas y en la manera que tratamos a otras personas. Si tú estás trabajando, trabajando y trabajando y tu excusa para no estar con tu familia es que estás trabajando para ellos, haciendo cada vez más dinero, ¿estás realmente haciéndolo por ellos?

¿O es que lo quieres hacer y no deseas estar con tu familia? ¿Eres consciente de lo que estás haciendo? Estas cosas son importantes saberlas.

Una vez más, todo lo que digo en este libro es para ayudar a la gente a ser conscientes y a despertarlos ante la vida que está viviendo. Necesitamos verificar todas las diferentes áreas de nuestras vidas. Puedes decirte, "Sí, esta área está verificada. Es lo que quiero hacer. Esta es la manera que sé que va a pasar".

Debemos saber si estamos trabajando por los beneficios que nos trae el dinero o únicamente por el dinero en sí mismo. ¿Estamos relegando nuestra familia a un segundo plano mientras trabajamos? ¿Estamos descuidándolos porque queremos ganar más dinero y más dinero?

Por otra parte, ¿qué es lo que deseas hacer con todo tu dinero? Puedes tener todo el dinero del mundo y hacer grandes cosas, dar a grandes organizaciones benéficas, involucrarte. Estoy muy contento de ver una gran cantidad de personas adineradas que aportan a la comunidad. Creo que eso es muy encomiable y yo estoy orgulloso de todas aquellas personas que hacen eso. Algunas personas adineradas no lo hacen y me pregunto qué irán a hacer con su dinero. Tal vez van a llevárselo a casa, tal vez llevárselo cuando mueren. No sé. Es medio raro. Sabes que no puedes llevarlo contigo, a menos que cubras tu ataúd con él. ¿De qué serviría eso?

Las personas manejan su dinero de muchas formas diferentes. Algunos tienen mucho dinero y no gastan en nada. Algunos tienen muy poco dinero, sin embargo, pasan un buen rato con él y dan a buenas causas y creo que eso muestra un gran sentido del equilibrio. Si lo tienes, lo puedes disfrutar—¡fantástico! Si también puedes compartirlo con los menos afortunados, aún mejor.

Los estudios demuestran que a menos que seas realmente pobre, es decir que $1,000 va a hacer una gran diferencia en tu vida, o estás muriéndote de hambre y necesitas dinero para mantenerte vivo, el dinero no te hará feliz.

El dinero no trae la felicidad

La gente me dice, ¿"Cómo pudiste vender la empresa familiar? Yo jamás la hubiera vendido". Sin embargo, sé que venderían su empresa familiar si en verdad querían, si las circunstancias estaban correctas. Se trata de poner el dinero de la venta del negocio a buen uso y hacer algo con mi vida. Y eso, para mí, se convirtió en lo más importante. Fue una revelación importante el hecho de que podría hacer algo diferente en mi vida después de que vendimos la empresa.

Siempre me pregunto por qué la gente que puede vender y quieren vender no venden. A menudo la gente podría tener miedo o no sabe qué hacer después.

Ves esta situación mucho con las familias y empresas en las que el mayor problema es el dinero. El dinero causa discusiones entre familia. Crea divisiones entre hermanos, padres y tíos. Es muy, muy triste. Llegas al punto en que el dinero no hace feliz, y entonces discutes sobre asuntos de dinero. ¡Wow! ¿Por qué tenemos que ser egoístas sobre esto? ¿Por qué no podemos hablar del dinero y resolver los problemas?

¡Wow! ¿Por qué tenemos que ser egoístas sobre esto? ¿Por qué no podemos hablar del dinero y resolver los problemas?

Si las familias que discuten sobre el dinero no tuviesen nada de dinero, quizás estarían más felices, pasando el fin de semana juntos, disfrutando el uno del otro. Por causa del dinero, no se hablan o siempre están discutiendo, o lo que sea. ¿Qué fue lo que el dinero trajo para esa familia? Dime. ¿Les trajo felicidad? ¿O les trajo una familia que no está junta, una familia dividida? Es muy importante pensar en esto y asegurarse de que el dinero no afecte a tus amistades y especialmente a tu familia.

Más dinero equivale a más problemas

Estamos remodelando mi casa. Nos mudamos de una casa pequeña a una casa grande en un lote grande. Cuantas más cosas hacemos a la casa, más problemas surgen. Tengo el dinero para gastarlo en varias mejoras, pero termino creando más problemas para mí. Por lo tanto, he decidido cambiar mi actitud. Me dije a mí mismo que tengo la suerte de tener suficiente dinero para gastar en cosas bonitas para mi casa.

Sí, algunas cosas van a suceder. Las cosas no van a ser perfectas. Algunos contratistas van a faltar a sus citas por tener que supervisar trabajos de construcción. Otros quizás no pueden hacer trabajos de carpintería correctamente la primera vez. Sin embargo, al final, todo va a salir bien.

He cambiado mi actitud de "pobre de mí, todas estas cosas que me están pasando" a "soy afortunado de estar en esta situación; permíteme solo trabajar en ella y apreciar lo que tengo. No es el fin del mundo que las puertas no se completaron de la manera que quería, ni que hay un espacio que necesita ser arreglado, ni que los ladrillos y mortero no están hechos correctamente con los bordes encajados de forma pareja. Se puede arreglar. No es el fin del mundo. Hay cosas más importantes en la vida y realmente debería sentirme afortunado de tener la capacidad financiera para gastar en un proyecto de renovación de la casa".

Ahora, después de golpear mi cabeza contra la pared muchas veces, soy más paciente. Me siento más agradecido de lo que tengo y la situación en que me encuentro. Estoy más relajado, más tolerante y tomo con calma todo lo que está sucediendo en la casa. Es como la gente que se divorcia mientras están construyendo o remodelando una casa grande. Puede ser bien malo. Tienes que ser muy, muy cuidadoso. Gracias a Dios que desperté. Soy más consciente ahora, así que estoy más relajado con toda esta situación.

Por ejemplo, mi esposa y yo discutimos sobre los muebles que íbamos a comprar y entonces decidimos tomar un descanso. La casa va a permanecer como está ahora y vamos a tomar un receso de dos a tres meses. Cuando estemos listos, volveremos a él.

¿Por qué debemos seguir discutiendo y dañando nuestra buena relación por muebles? Deberíamos estar disfrutando de estos tiempos juntos, decidiendo cuál muebles comprar, cuál sofá y cuál televisor. No es un asunto de vida o muerte ni nada así para ponerse alterado.

El dinero puede ser veneno para las personas y las relaciones familiares. Cuándo gastas dinero, ¿te defines a ti mismo por el dinero, por cuánto ganas? ¿Eres celoso de las personas con más dinero? ¿Tratas a la gente diferente a causa del dinero? ¿Volar en primera clase versus clase turista se trata de prestigio para ti?

Creo que el dinero puede ser la fuente de grandes cosas en la vida. Sin embargo, al mismo tiempo, puede ser veneno para ti, tu familia y tus relaciones, si no eres consciente de cómo estás reaccionando a él. Algunas personas actúan como si tuvieran tratamiento preferencial, o esperan más de otras personas, simplemente porque tienen dinero. ¿Por qué? ¿Qué es los que los hace mejores? ¿Son tus valores, la manera en que te comportas, influenciados por la cantidad de dinero que tienes?

Cuando manejaba un BMW, era un presumido. Me sentía más importante porque estaba manejando un BMW. No me gustaba ese sentimiento, para ser honesto, tanto así que ya no tengo BMW. No lo tuve por largo tiempo de todos modos, pero me di cuenta de mi actitud de presumido mientras tenía un BMW. Algunos dirían, "¿Por qué?

¿Por qué, solo porque puedo tener un BMW, me siento así"? Es algo de lo cual me di cuenta y lo arreglé, así que ya no manejo un BMW. Es un ejemplo pequeño de cómo el dinero me ha afectado.

De mis viajes aprendí que hay una diferencia obvia en la manera en que un asistente de vuelo trata a los pasajeros en primera clase en comparación con los pasajeros en clase turista. ¿Es justo? ¿No es justo? Pasajeros en primera clase pagan más; pasajeros en clase turista pagan menos. Le dan más en primera clase; le dan menos en clase turista. ¿El trato no debería ser igual? ¿No deberías tratar a un ser humano igual sin importar quién es?

¿No deberías tratar a un ser humano igual sin importar quién es?

¿Por qué es que las personas sienten que tienen que tratar a los ricos diferentes? ¿Qué pasa con los ricos? He ido aprendiendo a tratar a todo el mundo igual, sin importar la clase social. Me siento más fiel a mí mismo cuando hago eso.

Debemos ser conscientes de estos temas de dinero: cómo nos define, cómo puede ser utilizado de manera incorrecta, intoxicando las relaciones con nuestras familias, nuestros amigos y nosotros mismos.

Tu relación con el trabajo

Este será uno de los capítulos más largos de este libro. Sé que he abordado parte de este material de diferentes maneras anteriormente. El trabajo, sin embargo, es donde tenemos algunos de nuestros temores más grandes, junto con nuestra mayor necesidad de sentirnos validados.

Voy a contar una pequeña historia ocurrida un tiempo después de vender la empresa familiar; un tiempo cuando no estaba trabajando en el sentido general.

Después de graduarme de la universidad, empecé el proceso de decidir lo que iba a hacer. En lugar de volver a trabajar en una oficina o en el negocio de seguros familiar, empecé a trabajar como un instructor profesional de tenis. Justo después de mi graduación, me fui a trabajar en Vermont por el resto del verano, y luego volví a casa y enseñé tenis allí. Después, pasé un año enseñando tenis en Hilton Head, Carolina del Sur. Mi familia me preguntó cuándo iba a regresar a casa. Me pidieron que regresara a Puerto Rico a trabajar allí. Tenía sentido que me pidieran eso. Pero también tenía sentido que yo buscara algo más por un año. ¿Por qué pasar por todas la molestias de trabajar por otro, entrevistando y tratando de encontrar un trabajo? No fue por falta de saber qué hacer y no era porque había renunciado a mí mismo. Tampoco se trataba de dejar a otros influenciar lo que yo quería hacer en aquel momento. Se trataba de seguir mi propio camino.

Regresé a casa eventualmente, trabajando en el negocio familiar, y la pasé bien. Aprendí muchísimo. Pasé mucho tiempo con mi papá. De hecho, mi papá me enseñó todo lo que él sabía. Fue una experiencia muy enriquecedora y gratificante: construir un negocio y tener un efecto positivo en todos nuestros empleados y las familias de nuestros empleados, en nuestros clientes y en las relaciones que construimos debido a nuestro negocio. Incluso, me encantaron todos los viajes que hicimos con la empresa familiar.

A veces, en la empresa familiar, sentía que estaba pasando el rato, simplemente cumpliendo con el horario. Me di cuenta que no era yo. Tal vez me sentí de esa manera porque no sabía qué hacer. Entiendo ahora que no apreciaba las cosas como debí haberlo hecho. No era que no le di mi cien por ciento. Lo hice, pero no tenía ninguna pasión por hacerlo. No le di lo mejor de mí porque mi pasión no estaba en ese trabajo. No estaba invertido como mi papá. Solo comprendí todo eso después de que vendimos la empresa y sabía que había decisiones que tenía que hacer por mi cuenta.

Tuve muchos pensamientos mientras contemplé mi próxima carrera. Al buscar lo que quería hacer, me di cuenta de muchas cosas. Dije "¡Wow! Ahora entiendo muchas cosas que sucedieron mientras yo estaba en la empresa familiar". Entendí por qué había decidido ser un coach y todas las otras cosas que quería hacer: hablar en público, escribir, ayudar a las personas. Hay partes de mi carrera actual que no quiero hacer, como el trabajo administrativo y de organización—por ejemplo, las notas que tienes que compilar antes de escribir un libro, incluso el libro que ves en tus manos; o las notas que tienes que hacer antes de escribir un discurso; o las cosas que tienes que hacer antes de ir coaching. Me encanta el coaching, pero me doy cuenta que el trabajo administrativo es necesario. Es la preparación necesaria que debo hacer para cosechar los beneficios de lo que me encanta hacer, la transformación antes de la acción.

¿Recuerdas lo que dije acerca de comenzar un restaurante y las frustraciones que puedes encontrar? Si sientes pasión, no importa qué va a suceder. Cuando miro al pasado, veo todo el tiempo que ha tomado mi nueva carrera. En conjunto, la preparación para el coaching comenzó hace tres años. Creo que era el momento oportuno. Agradezco el hecho de que el tiempo que pasé en preparación me ayudó a afinar este nuevo camino que he tomado.

Muchas cosas diferentes me han ayudado a llegar a este punto. Es muy difícil precisar el momento exacto, el catalizador exacto. Mi nuevo camino ha caído en su lugar lentamente. Todo lo que ha ocurrido en mi vida en los últimos años ha contribuido de alguna manera, grande o pequeña, a sentirme más preparado para lo que quiero hacer.

Siento dentro de mí la pasión que tengo para hacer esto. De nuevo, no sé cuál será el final. Yo sé que voy a disfrutarlo y dar el cien por ciento de mí mismo. Mi pasión está ahí y va a salir bien.

Solo tengo que confiar en mi intuición sobre esto. Me va bien. Lo escucho de la gente todo el tiempo. Solo tengo que seguir adelante, ser consciente de lo que estoy haciendo y no dejar que nada me detenga en mi camino.

Viví un tiempo particularmente difícil porque estaba en un negocio familiar. Había muchas más obligaciones colocadas sobre mis hombros. Tenía más responsabilidades, tal vez, y algunos podrían decir que llevaba culpa familiar. Había una carga que quizás no hubiera existido si hubiera sido empleado por una empresa que no tenía nada que ver con el negocio familiar, donde las cosas hubieran sido menos personales y donde no hubiera vivido en casa con la misma gente con quien trabajaba.

Al mismo tiempo, todos compartimos muchas de las mismas circunstancias que nos mantienen en el trabajo, no importa donde trabajamos. Tenemos deudas, obligaciones, expectativas, todo lo cual podría hacernos pensar que necesitamos mantenernos donde estamos.

Algunas personas podrían pensar, "Este es mi trabajo. Es lo que puedo hacer. No hay salida, así que solo sigo hacia adelante, infeliz". Creo que hay dos opciones. Puedes cambiar tu perspectiva y darte cuenta del impacto que tiene el cambio de perspectiva en lo que haces, o puedes pensar seriamente en hacer un cambio de carrera. Con todo lo que pasa por tu mente, ¿has realmente pensado o considerado un cambio?

Tienes que preguntarte qué más puedes hacer. ¿Cómo puedes salir de la rutina en que estás? Muchas personas no están contentas en su trabajo. Si no cambian su trabajo, ¿qué pueden hacer para vivir una vida con más felicidad y significado? Todo depende de ellos. Si quieren sacar el mejor provecho de la situación, deben concentrarse en lo bueno de su puesto. Si van a ser negativos con todo lo que hacen, su situación va a ser negativa, no importa dónde trabajen. Si aprecian lo que tienen y en todo lo bueno, las cosas van a ser mucho mejores.

Cuando aprecias lo bueno, lo bueno aprecia.

Hay un dicho que dice que "cuando aprecias lo bueno, lo bueno aprecia". Medita sobre esa frase. Esa es la situación. Pasamos por la vida sin apreciar todo lo que tenemos delante de nosotros, porque están ahí todos los días. Sin embargo, cuando no los tenemos—¡pum! Es entonces cuando empezamos a extrañarlos.

DEUDAS, OBLIGACIONES Y EXPECTATIVAS

Hay muchas razones por las cuales la gente se queda donde está trabajando, desde la deuda personal a las expectativas que otras personas tienen para ellos. ¿Por qué es que las personas se quedan o qué es lo que les hace pensar que ellos toman la decisión equivocada cuando se van?

Bueno, aquí están algunos de los puntos que a veces la gente hace cuando hago esa pregunta. Extrañan ser el jefe; no tienen a nadie para dirigir. Esto es particularmente el caso cuando son o eran dueños de una empresa. He escuchado de otros que esta clase de persona es un millonario sin empresa. Algunos retienen su negocio simplemente porque se ha convertido en su identidad, como si fuesen nadie sin él.

La situación cambia drásticamente cuando vendes tu propio negocio. Creo que mucha gente tiene miedo al cambio. Algunos dicen, "¿Por qué cambiar cuando todo va tan bien?".

No pueden dejar de ser el jefe. Al tener personal a quien dirigir, supervisar y mandar—quieren seguir teniendo todo eso. Desgraciadamente, creo que mucha gente se identifica con la empresa. Si venden su compañía, sienten que pueden perder su identidad.

Una vez que salen de la empresa, parecen convertirse en personas diferentes. Parecen no darse cuenta de que son mucho más que la empresa. Creo que es estupendo que tenían esa compañía—la construyeron, la compraron, o lo que sea—pero no son la empresa. Su identidad no es la empresa. Son seres humanos totalmente increíbles con grandes cualidades, quienes crearon las empresas que ahora ha vendido. Podrían decir que un pedazo pequeño de ellos se queda con la empresa y eso está bien, pero no son ellos.

Son seres humanos totalmente increíbles con grandes cualidades quienes crearon las empresas que ahora han vendido.

No es la suma total de lo que son. Yo creo que mucha gente tiene esa dificultad de separar lo que son de su empresa. Pueden sentirse como si fuesen nadie si la venden.

Le digo a la gente que las cosas cambian cuando vendes tu empresa. Por supuesto que cambian. No hay más llamadas para ir a almorzar. No hay más viajes de negocios. El teléfono no suena como antes. Después de vender mi empresa, bromeaba que la única persona que realmente extrañaba era mi técnico de computadoras, el que podía llamar a cualquier hora para arreglar las computadoras en mi casa. Nadie más. Pero esa es mi forma de ser. Recordarlo me hace reír.

Algunas personas tienen más dificultades. En mi caso, elegí una carrera completamente diferente de la que tenía antes. Puede ser que sea más fácil para mí ahora que estoy lejos de la cultura de negocios en la que estaba inmerso. Por otra parte, sigo siendo yo mismo y estoy trabajando para ser más auténtico todavía, para encontrar el yo verdadero. Eso es lo que hago en mi vida personal y en mi carrera profesional. En mi nuevo rol como coach ayudo a la gente a ser más auténtica.

Va más allá de extrañar siendo el jefe. También se trata de otros aspectos del trabajo, aspectos aparentemente intangibles que son subproductos de dirigir una compañía. Estos incluyen almuerzos de negocios, celebraciones de días festivos y regalos—sean de compañeros de trabajo o de otras compañías tratando de atraer a tu negocio.

Pero las cosas cambian cuando ya no estás en la empresa, cuando ya no eres el jefe. Almuerzos y fiestas desaparecen; la gente no llama ya para tu consejo ni simplemente para ver cómo estás y estar en contacto. Parece que el respeto que una vez ganaste como ejecutivo ya no existe. Regalos que recibías de otras empresas y clientes durante la Navidad, y la alegría que tenías en la selección de regalos para otros, se han ido. Ahora es un escenario muy diferente. Sin embargo, cuando nos cambiamos de campos y caminos, tenemos una oportunidad para hacer muchas cosas buenas en este mundo. Debemos encontrar una manera de aprovechar de eso.

La vida cambia

¿Hay cosas que te detienen de hacer un cambio de vida? ¿Qué harías si tuvieras todo el tiempo y todo el dinero en el mundo?

¿Qué harías si tuvieras todo el tiempo y todo el dinero en el mundo?

Vuelve al mismo tema de reflexionar sobre la vida que estás viviendo y la forma en que vives. La gente realmente se amarra a su empresa y no la quiere dejar ir por cualquier razón. Siempre hay una buena excusa. Por ejemplo, los dueños creen que no conseguirán el dinero que piensan que vale la empresa. Creo que si están al punto donde pueden vender su empresa y vivir una vida gratificante después, vale la pena pensar en vender.

¿Qué te gustaría hacer si no hubiera obstáculos? ¿Qué harías si tuvieras todo el dinero y todo el tiempo en el mundo? Al responder a estas preguntas obtendrás una gran idea de ti mismo. ¿Contestaste esas preguntas sin bloquear cualquier respuesta o pensar demasiado?

¿Escribiste tus respuestas inmediatamente? Lo que aparece es lo que está muy dentro de ti. Puede ser que sea correcto. Puede ser que sea incorrecto. Puede ser que sea una locura, pero es lo que existe dentro de ti. El escribir tus respuestas te ayudará a reflexionar sobre ellas.

Lo que me viene a la mente es la película protagonizada por Morgan Freeman y Jack Nicholson titulada *Antes de partir (The Bucket List)*.

Jack Nicholson hace el papel de un hombre que solo está interesado en ganar dinero y Morgan Freeman hace el papel de un hombre que tiene una lista de cosas que desea lograr antes de morir. Están en la misma habitación de hospital. Están a punto de morir. Le quedan seis meses o un año de vida. Morgan Freeman tiene la lista de cosas pendientes y Jack Nicholson tiene el dinero para poder hacer todo lo que está en esa lista. El hacer todas estas cosas les da vida.

¿Para qué esperar que algo drástico suceda en tu vida antes de que realmente pienses en la vida que estás viviendo?

Es como una llamada de alerta. ¿Para qué esperar que algo drástico suceda en tu vida antes de que realmente pienses en la vida que estás viviendo? Haz las cosas que quieres hacer. ¿Por qué esperar para hacerlas? ¿Por qué no lo haces ahora mientras controlas tu propio destino?

En el caso de la película, los dos hombres tienen que actuar inmediatamente porque tienen poco tiempo para vivir. Siguen adelante. No hay futuro para ellos. ¿Por qué es que siempre guardamos lo bueno para una gran ocasión? ¿Para qué guardar la camisa buena para una ocasión especial? Úsala ahora. Disfrútala. Quizás no hay mañana. No es ser pesimista. Disfruta el presente. Disfruta el momento. Aprovecha al máximo y sigue adelante en la vida.

Muévete a través de la vida.

CAPÍTULO OCHO

Reconsiderando el significado del dinero

Toma tiempo darse cuenta de que teniendo más dinero no necesariamente va a traer más felicidad. ¿Qué te hace más feliz que $100,000, $500,000, un millón de dólares? ¿Qué es lo que se interpone en el camino cuando pensamos en las finanzas y los trabajos? La cuestión es dinero y la creencia y obsesión que más dinero te hará más feliz.

¿Cuánto es suficiente?

Creo que vivimos en una sociedad en la cual muchos piensan que el dinero va a hacerlos felices. Cuando tenemos todo ese dinero o cualquier cosa material, ¿cuánto es suficiente? El dinero no va a resolver los problemas. El dinero puede resolver algunos asuntos, pero al final nunca es suficiente. Al final, teniendo más dinero no nos hace sentir mejor. Estudios nos muestran que el dinero no te da felicidad. El hecho de que tengas más dinero que yo no significa que eres más feliz.

Creo que desde la infancia tenemos la idea de que necesitamos ganar dinero para ser feliz y para tener todo lo que queremos en la vida. Eso es triste, creo yo.

Por ejemplo, el jugador de baloncesto Ray Allen firmó con los Miami Heat por unos $3 millones menos al año porque no estaba buscando dinero. Sí, él estaba buscando ser parte de un equipo de campeonato, así que él firmó con los campeones del mundo, dejando alrededor de $10 millones sobre la mesa. Imagínate eso. Y la mayoría de la gente se olvida que LeBron James dejó mucho dinero sobre la mesa para juntarse a un equipo de campeones contendientes.

Podríamos decir que ya tenían dinero, por lo tanto no era una gran cosa para ellos. Podríamos creer que, comparado con nosotros, realmente no importaba, porque puede ser que Ray Allen no considera que $10 millones sea tanto como para nosotros. Tal vez nunca veremos ofertas de $10 millones. Tal vez para nosotros puede ser que $10,000 no es tanto; olvídese de esos $10,000. Es todo relativo y no, Allen no pensó en el dinero. Por el contrario, solo pensó en dónde él sería más feliz y eso es donde todos queremos estar al final del día. Queremos ser felices en todo lo que hacemos y donde quiera que estemos. Al mismo tiempo, tenemos que tener cuidado de cómo el dinero nos cambia. El dinero no es algo malo, siempre y cuando le demos buen uso.

No es malo tener dinero ni ganar mucho dinero. Pero creo que lo que haces con el dinero me dirá quién eres. ¿Qué clase de persona eres cuando se trata de dinero?

¿Qué clase de persona eres cuando se trata de dinero?

Algunas personas simplemente están ganando dinero porque quieren y nada más. Hay algunas personas que no quieren gastarlo en sí mismos. ¿Entonces por qué están trabajando tan duro? Mi opinión es que si ganas dinero y aportas algo a la comunidad, a tus empleados, a tu familia, puedes divertirte. De esta manera puedes ver cómo el dinero puede hacerte feliz a ti y a otros a tu alrededor.

Tú puedes hacer cosas nobles con tu dinero, pero si empiezas a utilizar el dinero para sentirte que te lo mereces todo y pensando que eres mejor que otra gente, no estás siguiendo el camino correcto.

Algunas familias se dividen por el dinero. También es interesante que algunos se sientan culpables por tener dinero o hablar del dinero. Yo puedo entender eso de mi propia experiencia. Unos años atrás, iba a reunirme con un amigo mío, el padre de una de las amigas de mi hija. Para reconocerlo, le pregunté que describiera el coche que estaría conduciendo. Él dijo, "Conduzco un Toyota". Pero cuando él llegó, estaba en un Mercedes Benz.

Siento que él era demasiado humilde o se sentía mal diciéndome que tenía un Mercedes. Por mi parte, no creo que se sentía cómodo conduciendo ese carro. El indicio más grande, por supuesto, era que él no podía decir, "conduzco un Mercedes Benz".

Es lo contrario de alguien que se jacta de lo que posee. Aquí en cambio—y hay algo mal con esto también—a veces nos sentimos culpables de tener dinero, culpables por ser exitosos, como si no nos conviniese. Algunas personas no viajan en avión; algunas personas vuelan en clase turista; algunas personas vuelan en clase de negocios; y algunas personas tienen sus propios aviones. No hay nada malo en eso. Si tú tienes un avión, estoy muy contento por ti. Tengo amigos con aviones y me encanta volar con ellos. Estoy muy contento de que puedan tener y disfrutar de lo que ellos han ganado. No deberían sentirse avergonzados de eso.

Al mismo tiempo, el dinero puede causar muchos problemas para las personas. Y la pregunta es ¿por qué? ¿Qué pasa con el dinero que hace esto a la gente? Lo escucho durante discusiones de herencia entre hermanos o cuando una pareja se está divorciando. ¿Cuál es el problema? El dinero esto, el dinero lo otro. Al final, no sé por qué el dinero crea tantos problemas para las personas.

Incluso La Biblia habla del dinero. Pero la frase no es "dinero es la raíz de todos los males", como mucha gente malinterpreta, sino "el amor al dinero es la raíz de todos los males". En otras palabras, no es el objeto, sino lo que hacemos con el objeto y nuestra relación con el objeto que es el problema.

El amor al dinero es la raíz de todos los males.

Una vez tuve problema manejando un BMW, parecido a mi amigo con el Mercedes. Me alegré que tuviera dinero, pero el signo visible de mi dinero, el carro que estaba manejando, se sentía ostentoso, como si fuera más de lo que necesitaba mostrar a los demás. No quería sentirme así. Solo quería ser yo mismo.

Para mí, el dinero es para el hogar, la familia y la comunidad. Quiero ser fiel a mi hogar, mi familia y mi comunidad. Eso es lo que quiero hacer con mi éxito en cualquier cosa que haga en la vida. Para mí, lo importante es retribuir. Estoy contento simplemente ayudando a la gente. Por eso decidí convertirme en un coach. Recientemente, un compañero de YPO me llamó sobre una referencia de otro coach, el cual es muy buen amigo mío.

Después de que expliqué que mi amigo sería una gran opción para su empresa, me sentí tan bien. Es algo que puedo hacer todos los días. Podría tener hasta veinte personas llamándome para hablar de otras personas y lo buenos que son. Recomendar a otros, dejando a la gente saber lo bueno que son, me da vida. Ayudar a los demás me da un sentido de bienestar, para mi salud, para mis emociones, para mi felicidad.

AUTOEVALUACIÓN

Hay una frase que utilizo a veces, la autoevaluación. Es una evaluación de ti mismo. Hay diferentes preguntas que tú puede hacerte para hacer una autoevaluación y determinar cómo van las cosas para ti en un momento dado. ¿Cuál es mi relación con el dinero? ¿Qué es lo que siento hacia el dinero? ¿Cómo me afecta? ¿Estoy obsesionado con el dinero? ¿Cuánto es suficiente? ¿He realmente pensado en él? Si estás casado, ¿has hablado de dinero con tu cónyuge? ¿Qué es adecuado para ti? ¿Qué es adecuado para los dos?

Algunas personas están bien solamente teniendo dinero suficiente para seguir adelante. Tal vez, otras personas están bien teniendo $1 millón en el banco. Para otras personas, $100 millones es la cantidad adecuada. Varía. Al final, la cuestión es lo que haces con el dinero, cómo retribuyes a la comunidad y cómo retribuyes a ti mismo y a tu familia. Creo que es lo que realmente cuenta acerca del dinero.

Y hay una autoevaluación que podemos hacer cuando se trata de dinero y la relación con tu familia. Es una pregunta sorprendente, una que casi nos lleva a la Grecia y a la leyenda de Midas, el rey que era muy codicioso hasta que perdió a su hija cuando accidentalmente la transformó en una estatua de oro. En ese momento quería devolver todas sus riquezas para tener a su hija de vuelta.

Hoy preguntaría, en lugar de esta leyenda, ¿hay alguna cantidad de dinero que podría darte para hacerte olvidar a tu familia? Estoy seguro que tu respuesta es que ninguna cantidad de dinero podría hacer eso.

Sin embargo, en muchos sentidos, la gente olvida de sus familias en búsqueda de dinero, a menudo dando la excusa de que trabajan duro solo por el bien de sus familias—es un círculo vicioso.

Este aspecto de la confusión que muchos de nosotros experimentamos en nuestra búsqueda de dinero es lo que está en el corazón de este capítulo. Reconsidera tu relación con el dinero y todas tus otras relaciones mejorarán. Más que todo, la relación con tu familia preciosa se beneficiará de esta evaluación.

CAPÍTULO NUEVE

Tu relación con la familia

Para mí, la familia es lo más importante. Si estás casado, es tu cónyuge y tus hijos los que importan. Si no estás casado, entonces tal vez es tu familia inmediata—hermana, hermano, padres—que importa. Hay muchos tipos de relaciones entre familia y todos tienen significado para los familiares. Creo que, para mucha gente, el tiempo cuando te sientes más vivo es generalmente cuando estás con tu familia.

> *El tiempo cuando te sientes más vivo es generalmente cuando estás con tu familia.*

Al mismo tiempo, no debemos tomar nuestra familia por descontado. Por lo tanto, muchas personas están en "cruise control" en su relación con sus amigos cercanos o familiares. Debemos ser conscientes de eso y de cuánto tiempo pasamos con nuestra familia. A veces, creemos que podemos irnos lejos y esperar que nuestros familiares y amigos vayan a pasar el tiempo esperando nuestro regreso, como si estuvieran detenidos en el tiempo sin nosotros. Creo que mencioné que viajo mucho. Me aseguro de que, cuando estoy en casa, tengo tiempo para todo lo que tengo que hacer.

Una de las cosas que hago—y sé que esto es muy saludable para cualquier relación—es lo que llamamos "date night", salir con mi esposa. Me aseguro de que salgo con mi esposa una vez a la semana y tenemos nuestro tiempo juntos, tanto como tuvimos al principio de nuestra relación. Me aseguro de que puedo recoger a mis hijos de sus clases de baile o prácticas de baloncesto y estar presente para sus actividades escolares en los que están involucrados. Puede variar desde una feria científica a un baile de primavera, dependiendo de lo que cada uno participa.

Cuando pensamos en la relación entre familia y trabajo, nos damos cuenta de que mucha gente pasa mucho tiempo en el trabajo. En realidad, creo que pasamos más tiempo en el trabajo que con nuestras familias. Si lo llevas al próximo nivel, si tu jornada laboral es más larga que las ocho horas típicas, tienes menos tiempo para tu familia. Esto significa que debes ser más consciente sobre el valor del tiempo que pasas con ellos y poder encontrar más formas de aumentar ese tiempo, cuando y donde sea posible.

Cuando las personas están en su lecho de muerte y les preguntan de qué se arrepienten y qué harían otra vez, ¿cuál es la respuesta número uno? Los estudios han encontrado que la respuesta siempre es—y llega demasiado tarde—"Me hubiera gustado pasar más tiempo con mi familia". Nadie ha dicho, "Me hubiera gustado pasar más tiempo en la oficina".

Sin embargo, es lo que hace un montón de gente. En general, mucha gente lo hace porque tienen la mentalidad que siempre deben estar trabajando y trabajando y haciendo mejor y mejor en un interminable ciclo del "rat race". Estás atrapado en la rueda, pero cuanto más rápido vayas, más te quedas en el mismo lugar. Afortunadamente, creo que la nueva generación está comenzando a ver al trabajo de una manera diferente.

Es en parte debido a la economía. Los jóvenes tienen más tiempo con amigos y familiares debido a la forma en que están las cosas. Además, se trata también de la tecnología; muchas personas pueden trabajar desde su casa en formas que no estaban disponibles incluso hace una generación atrás. También se han hecho avances en las licencias de paternidad y maternidad, porque los padres están más preocupados por la crianza de sus hijos.

Los jóvenes de hoy día se preocupan por cosas que van más allá de un trabajo o de una carrera en una empresa con potencial de crecimiento. Para muchos, se trata de vivir una vida saludable y equilibrada basada en sus valores, lo que quieren hacer y qué tipo de vida quieren tener.

> *Los trabajadores en la próxima generación no están pensando en ser restringidos por cualquier carrera que elijan.*

Los trabajadores de la próxima generación no están pensando en ser restringidos por cualquier carrera que elijan. En cambio, para muchos, se trata más de querer decidir por sí mismos lo que quieren hacer, cómo lo van a hacer, cuándo lo van a hacer y luego vivir el tipo de vida que quieren vivir. Al menos eso es lo que quieren hacer, lo cual es algo con lo que estoy absolutamente de acuerdo. Creo que todos podemos aprender de esta generación más joven.

En el pasado, era solo trabajar, trabajar, trabajar y volver a casa para estar con la familia. Eso era todo, y las mujeres también hicieron lo mismo. En mi opinión, ahora hay mucho más. Tienes que cuidarte. Tienes que cuidar de tu familia, tu trabajo, todo. Así que creo que todo está más equilibrado que antes.

DATE NIGHT

Eso me lleva a contarles un poco más sobre mis citas románticas con mi esposa. Es algo que hacemos que nos hace sentir jóvenes y conectados. Es el momento cuando dejamos atrás todo lo que estamos haciendo y nos concentramos solo el uno al otro, y es como si fuéramos novios otra vez. Me encanta compartir esta historia con todo el mundo, y es un punto que hago como coach y como esposo.

Mi esposa y yo salimos los miércoles por la noche, aunque hemos pensado en mover nuestras citas a los jueves, un día más fácil para nosotros dos porque nuestros hijos tienen menos compromisos los jueves.

Una de las cosas que nos gusta hacer es ir al cine y luego a cenar. Pasamos nuestro tiempo juntos, poniéndonos al día sobre nuestros hijos, nuestros trabajos y el uno al otro, todas las preguntas que nos hicimos mutuamente cuando éramos jóvenes. Es como llegar a conocernos mutuamente otra vez. Es solo un tiempo para los dos estar juntos.

No es que no queramos estar con nuestros hijos. No es que no queremos reconocer la familia entera, pero hay momentos en que queremos estar el uno con el otro, sabiendo que necesitamos tiempo para nosotros mismos.

Compartiré esta experiencia que un amigo mío tuvo durante sus citas románticas. Me dijo: "Sí, sí, no sé lo que está mal, pero yo hago eso con mi esposa. Una vez a la semana vamos a este lugar y nos reunimos. Lo pasamos de maravilla".

"Este lugar" es un lugar donde todo el mundo está comiendo, bebiendo y pasando un buen rato. Es como ir a la plaza principal de tu ciudad o al centro comercial y ver un montón de amigos y terminas hablando con todo el mundo. Lo que me parece es que empiezan a hablar con todo el mundo. Al final de la noche se ven otra vez y regresan a casa.

Parecían no tener ningún momento juntos, no había tiempo para estar solos los dos sin distracciones. Le expliqué a mi amigo, "No, no, no. La idea es que ustedes dos salgan solos, sin nadie más que los conozcan. No es ver a amigos ni compartir con otras personas. Ese tiempo es solamente para ustedes, el uno para el otro". Todas las parejas necesitan ese tiempo para estar solos.

Por ejemplo, ya he mencionado como lo hicimos desde la perspectiva familiar por seis semanas en Boulder, Colorado, algunos veranos atrás. Solo nosotros cinco, como una unidad familiar, nadie más, solo mi esposa, nuestros tres hijos y yo. Ningún familiar visitó. Ningún amigo visitó. La pasamos muy bien y acumulamos grandes recuerdos juntos. Es algo que vamos a apreciar para siempre. Se trataba de nuestra familia. Tenemos nuestro viaje familiar con mis padres y mis hermanas. Tenemos nuestro tiempo con la familia de mi esposa en Panamá. Pero esta vez fue solamente nosotros cinco y los grandes recuerdos que vamos a apreciar para siempre, sin compromisos forzados con otras personas. Tú puedes tener eso con tu familia y con tu cónyuge.

Algo que siempre debes recordar acerca de tu familia y tu cónyuge es nunca darlos por hecho.

Algo que siempre debes recordar acerca de tu familia y tu cónyuge es nunca darlos por hecho. Siempre estarán a tu lado. Durante toda la vida es posible que tengamos muchas carreras profesionales, pero con suerte siempre tendremos nuestra familia única y nuestro cónyuge.

Es importante siempre estar a su lado. En el curso de estar casado con mi esposa, ya he tenido dos diferentes carreras y ahora estoy lanzando una nueva. La familia siempre estará ahí, pero las personas que trabajan conmigo no podrían estar siempre presentes mientras hago esta transición en la vida. Por supuesto, sabemos que las personas se divorcian, pero si siempre estamos presentes para la familia, en cualquier capacidad, siempre van a estar ahí para nosotros.

Si estás casado, tu cónyuge y tus hijos estarán a tu lado, no importa lo que haces. No importa lo que el trabajo te depare, no importa si te despiden, si dejas tu trabajo, ni si cambias carreras, ellos serán la única constante en tu vida. Vamos a dar a la relación con nuestra familia la importancia que requiere. A veces, olvidamos y damos por hecho lo que más amamos. Siempre debemos ser conscientes de eso.

Creo que también las personas malinterpretan el concepto de tiempo de calidad, el cual es el tiempo solo con el cónyuge y con los hijos, incluso diez minutos ayudando a los hijos con sus tareas escolares o leyéndoles por la noche.

Es también una manera importante de entender mejor a sus hijos y a sus amigos, los otros niños con quien están pasando el rato.

En términos de estar con la familia y hablando mucho con nuestros hijos, debemos también ser conscientes de estar realmente allí con ellos. Si no podemos apagar el teléfono y el correo electrónico para estar con ellos, estamos mintiéndonos a nosotros mismos de que estamos allí con ellos. Ellos lo saben porque lo pueden sentir. Al final del día, los niños solo quieren tiempo con sus padres. Ya he mencionado al amigo mío que dice que pasa el tiempo con su hijo, pero en realidad, está en su Blackberry, ignorando a su hijo que está justo al lado.

Un punto que debes recordar acerca de los niños es que, para ellos, el tiempo de familia es más importante que las cosas materiales. No están pensando en la casa grande, aunque esta bien. No están pensando en la piscina, aunque, sí, eso también es atractivo. Se trata del tiempo que quieren. Recientemente, le dije a mi hijo de cepillarse los dientes—no, no, no, no quería. Así que le dije: "Si te cepillas los dientes, te llevaré a la escuela en la mañana, solo a ti, y así podemos tener tiempo de hablar en el carro". Normalmente, mi esposa lleva a los niños, así que mi hijo estaba preocupado que iba a romper mi promesa. Por lo tanto, él me pidió una promesa de meñique.

Mi hijo probablemente fue el primer niño que llegó a la escuela ese día, porque estaba listo tan temprano. Tus hijos solo quieren estar contigo y tú quieres estar con ellos. Creo que ya he mencionado que algunas veces los padres llevan a sus hijos a la escuela y eso es maravilloso. Pero si estás hablando por teléfono mientras sostienes la mano de tu hijo y andas en "cruise control", los niños saben. Lo sienten. Se dan cuenta de que, aunque estés allí con ellos, realmente no estás presente.

Debes ser consciente de eso. ¿Por qué esa llamada telefónica no puede esperar, sabes, a menos que seas médico? Vamos a estar presentes con nuestros hijos cuando estemos con ellos.

Vamos a estar presentes con nuestros hijos cuando estemos con ellos.

CONOCIENDO A LOS AMIGOS DE TUS HIJOS

También quiero subrayar que tener tiempo con tus hijos te permite conocer mejor quiénes son sus amigos y con quién están pasando el rato. Mi esposa y yo estábamos hablando de esto el otro día, acerca de cómo era cuando éramos jóvenes. Los amigos llamaban a mi casa cuando era niño y mi madre o mi padre gritaba, "Hey, Jofi, Carlos te está llamando". Hoy en día, con los teléfonos celulares, Facebook, mensajes de texto y todo lo que utilizan los niños, no sabemos con quién están hablando. Los niños pueden conectarse a sus amigos y omitir completamente el filtro de los padres.

Los niños pueden conectarse a sus amigos y omitir completamente el filtro de los padres.

Es importante hablar con tus hijos todo el tiempo, saber con quién están hablando y saber quiénes son sus amigos. En mi casa, creemos que, en lugar de dejar que los niños vayan a las casas de sus amigos, que por supuesto lo hacen a menudo, preferimos tenerlos en casa. Así podemos conocer a todos sus amigos, hablar con ellos y pasar tiempo con ellos.

Es otra manera de pasar tiempo con los amigos de tu hijo, permitiendo que tus hijos se sientan cómodos siendo ellos mismos y divirtiéndose. Yo creo que es genial ser parte de eso. Les voy a contar una anécdota.

El otro día un amigo tenía una fiesta en su casa por el cumpleaños de su hija, al que mis propias hijas asistieron. Mi esposa me pidió recoger a las niñas cuando la fiesta hubiese terminado. Me dijeron que estarían esperándome frente a la casa. Sin embargo, cuando llegué, no las vi, así que entré a la casa donde los adolescentes seguían en la fiesta.

Mis hijas adolescentes estaban avergonzadas que su padre había entrado a la casa durante la fiesta. Una de mis hijas mandó a una amiga a decirme cómo se sentía. Ellos se estaban divirtiendo y luego ella y yo discutimos sobre esto. Pero me fui, dejándola quedarse más tiempo. Una vez fui joven. Entiendo. ¡A veces, puede ser espantoso que tus padres se presenten en una fiesta! Sin embargo, todo el mundo me saludó. Muchos de los amigos de mis hijas me han dicho que soy un papá "cool". Para mí, incluso si estaban avergonzadas, los otros niños no parecían darle importancia.

Por supuesto, mis hijas, siendo adolescentes, estaban mortificadas que entré a la fiesta. Así que cuando finalmente nos vimos, mis hijas se reían, pero me gritaban al mismo tiempo. "No, no, no. Eso no se hace". Lo importante, echando la vergüenza a un lado, es que mis hijas y yo podemos hablar así. Por mi parte, si creo que cometí un error, doy lo mejor de mí para pedir perdón a mis hijos. Comunícate—siempre comunícate con tus hijos. Creo que es la clave para poder tener una gran relación entre padre e hijo, especialmente en los años de la adolescencia, cuando es muy importante que los niños expresen lo que sienten.

Siempre debes asegurarte de que estás accesible para tus hijos.

Siempre debes asegurarte de que estás accesible para tus hijos. Así es como te conviertes en un recurso. Así es como sabes que estás protegiendo a tus niños. Cuando tienes ese tiempo de calidad con tu familia y cuando tu familia realmente necesita de ti, no temerán en hablar contigo. Podrán acercarse y dialogar sobre cualquier tema, no importa qué tan grave ni vergonzoso sea.

Quiero compartir otras historias sobre la unión familiar y el conocer a los amigos de mis hijos. Uno se trata de mi hijo de nueve años. Voy a su salón de clases y empiezo a hablar con sus amigos, las niñas y los niños. Circulo el salón y pregunto, "Así que dime, ¿cómo está José? ¿Se porta bien? ¿Habla demasiado?". Y todos los niños me dicen cómo él se comporta en la escuela.

Una relación que intentamos integrar en nuestra vida familiar se refiere a mis padres. A pesar de que los vemos a menudo, mi esposa y yo escogemos un día a la semana cuando vamos a recoger a los niños de sus actividades extracurriculares para todos cenar juntos. Empezamos a hacerlo, pero el horario de mi padre no lo permitía, así que ahora nosotros estamos luchando para ver cómo podemos hacer que suceda.

Desde un punto de vista lógico, tiene sentido. Piensa en cuando eras niño y piensa en tu vida ahora si tienes hijos. Piensa en la felicidad que los niños sienten cuando interactúan con sus abuelos. La felicidad que esta relación con los abuelos promueve y la forma en que estas generaciones conectan son componentes muy importantes en el desarrollo de los niños.

A menudo correteamos sin pensar en lo rápido que nuestros hijos crecen antes nuestros ojos. Dejamos para mañana lo que podemos hacer hoy y entonces lo posponemos nuevamente.

Dejamos para mañana lo que podemos hacer hoy y entonces lo posponemos nuevamente.

Todo esto está en una canción muy antigua, "The Cat's in the Cradle" por Harry Chapin. Estas son mis líneas favoritas de esa canción: "y mientras colgaba el teléfono se me ocurre, él creció igual que yo. Mi hijo era como yo".

La canción es de la década de 1970, pero su tema es eterno. Tiene mucho que ver con la forma en que nos comportamos con nuestros hijos, cómo ser un padre, cómo tratar a tus hijos, cómo tratar a los cónyuges. La canción es un gran ejemplo para nosotros. Básicamente, el muchacho en la canción necesita a su papá, el cual nunca está allí para él porque siempre está demasiado ocupado y pospone las cosas. Su niño crece rápidamente y cuando se convierte en un adulto y el padre necesita de su tiempo, el hijo no tiene tiempo para él. "Mi hijo era como yo" es cómo cierra la canción. Es una observación hecha por el padre, mostrando la consecuencia mala de no estar ahí para su hijo cuando lo necesitaba.

Creo que si los padres fuesen más conscientes de las letras de esa canción y su significado, la canción afectaría la crianza de los hijos. Estoy bastante seguro de que harían algunos cambios en su comportamiento.

Otro ejemplo del pasado que ha impactado la manera en que crío a mis hijos es la película de 1988 protagonizada por Tom Hanks, *Quisiera ser grande (Big)*, en la cual un niño se convierte en un adulto durante la noche. Cuando los niños están creciendo, piensan que quieren crecer rápidamente para poder hacer lo que quieren. Ves mensajes en Facebook y cosas sobre los niños que quieren sostenerse por sí mismos. Sigue adelante y consigue un trabajo, obtén un lugar para vivir, lava tu ropa, cocina por ti mismo y así sucesivamente y entonces tú puedes hacer lo que quieras. *Quisiera ser grande* trata de un niño que quiere ser un adulto y sucede. Después de pasar un buen rato, se da cuenta de que todavía quiere ser un niño.

Lo vi desde el punto de vista de querer ser un niño otra vez. Antes decía que odiaba ser adulto debido a las responsabilidades. Sentí que quería retroceder en el tiempo, hasta que me di cuenta de que debo asumir la responsabilidad de mi propia vida y seguir adelante. Esa es la tarea.

Debemos dejar que suceda el ciclo natural de desarrollo de un bebé en un niño, en un adolescente en un adulto joven. No deberíamos desear controlarlo. Si eres un niño, eres un niño. Vas a cometer errores y hacer todo tipo de cosas que vuelven a sus padres locos. Hazlo. Diviértete. Va a ser estupendo y nosotros, como padres, tenemos que entender eso.

Si eres un adulto, tienes que asumir la responsabilidad, pero al mismo tiempo tienes ese niño dentro de ti que quiere divertirse. Lo importante es recordar quién quieres ser y ser más feliz con tu familia y los que te rodean.

También quiero plantear a todos ustedes que están leyendo este libro la cuestión de cuando en sus vidas realmente prosperaron. Piensa en eses momentos y cómo te sentiste. ¿Cuáles fueron las circunstancias que hicieron que esos momentos fueran increíbles para ti?

Para mí, fue cuando empecé mi proceso de coaching que comencé a sincerarme conmigo mismo y con todos a mí alrededor por primera vez. Solo siendo yo mismo, siendo fiel a mí mismo, era más feliz. Era juguetón y la pasaba bien. Era divertido, tranquilo, relajado y lleno de energía y era yo; fue mi verdadero yo. Eso es lo que descubrí después de vender mi negocio. Pude entrar en coaching y encontrar el verdadero yo.

Además de coaching, aprendí mucho sobre mí mismo a través de YPO (Young Presidents' Organization).

YPO (Young Presidents' Organization) te conecta con ejecutivos jóvenes y exitosos en una red global diferente a cualquier otra. Fundada en el año 1950 en la ciudad de Nueva York por un hombre joven llamado Ray Hickok, la organización une a aproximadamente 20,000 líderes de negocios en más de 120 países alrededor de una misión compartida: Mejores líderes a través de la educación y el intercambio de ideas. Fuente: Sitio web de YPO en www.ypo.org.

He aprendido mucho compartiendo con el grupo y conociendo personas de todas partes del mundo. Veo otros puntos de vista que no veía trabajando con mi padre. Veo cómo las cosas se pueden hacer de diferentes maneras. He aprendido a respetar a los demás en maneras nuevas, escuchando las opiniones de todos y sus maneras de hacer las cosas, incluso sus maneras de ser felices, las cuales pueden ser diferentes a la mía.

Al mismo tiempo, la organización me ha ayudado a crecer como persona, como esposo y como padre. Quiero dar un ejemplo de los eventos de padre/hijo que tienen en YPO. Incluso si la gente tiene solamente un hijo, le digo: "Escucha, ¿cuántas veces pasas cuatro días seguidos solo con tu hijo o hija"? Noventa y nueve por ciento de la gente me dice que nunca pasan ese tiempo solo con uno de sus hijos.

Ir a un evento de YPO de padre/hija o padre/hijo y llevando a solamente uno de tus hijos contigo y pasando ese tiempo junto no tiene precio, y yo lo he hecho muchas veces. Voy a otro de estos eventos este año con una de mis hijas, y el año que viene voy a dos eventos separados con mi otra hija y con mi hijo. Esos son los tipos de experiencias y recuerdos que tus hijos van a tener para siempre. Esos son los momentos que siempre apreciarás solo estando con tus hijos.

Recuerdo un ejercicio con una de mis hijas cuando ella tenía diez años. Había cinco valores y ella tuvo que hablar de cuál de los valores más se relacionaba con ella y por qué. Cada uno de los valores, por supuesto, era bueno en su propio mérito. Al escuchar a mi hija hablar de ellos trajo lágrimas a mis ojos. Ella habló de cómo ella y yo conectamos y cómo la crié, y lo hizo con un nivel de profundidad que no comparte conmigo en nuestra vida diaria.

Estos tipos de eventos te permiten pasar tiempo con tus hijos. Te permite reflexionar sobre ese tiempo y compartirlo. Te ayuda a apreciar lo que tienes. A veces, damos por hecho lo que tenemos, incluso nuestros hijos, y luego esperamos que sean perfectos. Este intercambio, este ejercicio, realmente me ayudó a mejor entender la dinámica de mi propia familia.

Algo que me gustaría enfatizarle a todos ustedes es que no se escondan detrás del trabajo, utilizándolo como excusa para no estar con sus seres queridos

Algo que me gustaría enfatizarle a todos ustedes es que no se escondan detrás del trabajo, utilizándolo como excusa para no estar con sus seres queridos ni para no hacer lo que deseas, ignorando los que te rodean. Todo esto es parte de mantener bien el equilibrio entre la familia, el trabajo y la vida.

Sé que no hubieras llegado hasta este punto en el libro si no estás de acuerdo conmigo en que la familia es lo más importante en la vida.

Así que vamos a tomar un pequeño cuestionario, un ejercicio. Vamos a repasar cómo eres con tu familia. Si fueras a darte un grado como cónyuge y como padre o madre, ¿cuál nota te darías y por qué? Creo que es una buena pregunta. Es una de las autoevaluaciones de las que todos podemos beneficiarnos. Ahora, después de que estés consciente de la nota que te darías, ¿qué vas a hacer diferente?

¿Cuáles cambios estás dispuesto a hacer para luchar por esa A?

CAPÍTULO DIEZ

El balance entre la vida y el trabajo

He encontrado muchos de mis secretos para mantener el equilibrio entre la vida y el trabajo en los retiros y clases que he asistido. Obtengo apoyo de la gente a mi alrededor que me ayudan a aprender más de mí mismo. Sin embargo, quizás te estés diciendo a ti mismo mientras lees este libro, "Bastante fácil para ti, Jofi". Y concedo que es fácil hacerlo cuando estas con personas de ideas afines y puedes beneficiarte de la estructura de apoyo de un retiro de crecimiento personal.

Sin embargo, una vez que regresas a casa después de un curso de formación, especialmente después de estar en un grupo como el Proceso Hoffman de la Cuadrinidad, es totalmente diferente. Requiere más trabajo. La formación y aprendizaje que tomé un mes antes de empezar mi adiestramiento de coaching fue un retiro de ocho días de crecimiento personal. Nos dijeron que estuviéramos preparados porque, aunque nos convertimos en personas con más esperanza y energía durante ese tiempo, al regresar a casa, el mundo no estaría cambiado.

Tú has cambiado, sin duda, pero el mundo sigue siendo el mismo que cuando lo dejaste ocho días atrás. No va a ser lo mismo regresar a tu casa y ser tú mismo. Va a tomar un poco más de trabajo, y para mí, pasando por la formación para ser coach fue un gran proceso. En total, tomó un poco más de un año para realmente empezar a redescubrir quién era. ¿Quién soy yo? ¿Qué quiero hacer con mi vida?

¿Qué es lo que me emociona? ¿Cuál es mi pasión? ¿Qué me hace feliz?—y avanzar con mi vida.

¿Qué es lo que me emociona? ¿Cuál es mi pasión? ¿Qué me hace feliz?

Mis padres siempre me hicieron sentir que yo tenía todo lo que necesitaba, y nunca me interesaron las cosas materiales. Sé que esto es cierto, pero a veces yo no era feliz, basado en el hecho de que, incluso con todas las cosas materiales que tenía, todavía no sabía qué hacer yo mismo. No me conocía. Vamos a ponerlo así: no me había encontrado a mí mismo.

Durante el entrenamiento que hice en New Ventures West para ser coach y el retiro de crecimiento personal que asistí con el proceso Hoffman, descubrí quién era. Descubrí lo que quería hacer con mi vida. Encontré lo que me hace feliz, y es un proceso. Es un proceso diario. Todos tenemos que ser conscientes de lo que nos hace cobrar vida. Como dije antes, me hace tan feliz hablar de alguien y recomendar a esa persona para un trabajo. Es algo que parece tan simple. Me hace feliz ayudar a las personas.

Lo que me hace feliz es el coaching y saber que hago una diferencia en la vida de otras personas.

Lo que me hace feliz es el coaching y saber que hago una diferencia en la vida de otras personas. Al tener un mejor entendimiento de mí mismo me ayuda a ser más feliz y al mismo tiempo ayuda a todos los que están en contacto conmigo: mi esposa, mis hijos, mis amigos, mi familia—todo el mundo. Eso es lo que quiero compartir contigo mientras lees este libro.

Les voy a dar un ejemplo de un libro que es muy popular actualmente: *Cincuenta sombras de gris (Fifty Shades of Grey)*. Empecé leyendo libros que tal vez no hubiera leído normalmente, solo para ver lo que está en ellos, especialmente cuando viajo tanto y puedo usar el tiempo de vuelo para leer. Estaba en el aeropuerto cuando espié *Cincuenta sombras de gris* detrás de la caja. Decidí ver de lo que tanta gente estaba hablando.

Uno de los protagonistas, Sr. Christian Grey, es un hombre exitoso, atractivo y joven. Él tiene todo lo que parece positivo en la vida. Anastasia, el otro personaje, habla de lo maravilloso que es estar con Christian cuando él está en un estado de ánimo juguetón. Mirándome a mí mismo mientras leía el libro, me di cuenta que me gusta ser juguetón también. Creo que a todos nos gusta ser el cómico, el que es relajado, el que siempre está bromeando. Christian es abierto y divertido. No es rígido, no es un esnob cuando está en su estado de ánimo juguetón. Puedes ver el atractivo del personaje.

Lo que el libro me hizo comprender es que me encanta estar relajado, calmado y divirtiéndome. Creo que cuando mi mente está libre de malos pensamientos, presión o estrés—porque estoy aprendiendo cómo manejarlos mejor—soy yo. Yo mismo soy. Soy más divertido, más juguetón y más relajado y eso me hace consciente de que ese es quien quiero ser.

Cuando mi esposa y yo hablamos de nuestro matrimonio y de cuando nos conocimos, ella siempre menciona que era gracioso y siempre la hacía reír. Por eso fue que decidió que yo era para ella. Ahora pienso y digo, "Oh, eso es lo que era". Era el yo verdadero.

Creo que, a medida que pasó el tiempo y entré en el mundo de los negocios, me preocupé por ser una persona más seria porque, después de todo, era el jefe. Creo que, a través del coaching y aprendiendo cómo encontrarme a mí mismo, me di cuenta de lo que había perdido con los años. Esto es el valor que creo que traigo como coach: ayudar a las personas a volver a su verdadero ser, algo que se podría haber perdido con el tiempo por unirse a la fuerza de trabajo y enfocarse en el dinero en lugar de las relaciones que nos hacen felices.

Me doy cuenta que ahora soy la persona que me encanta ser. ¿Quién soy? Mi formación para ser un coach ha sido parte de lo que soy. Con eso detrás de mí, estoy aprendiendo más sobre mi mismo, incluso mientras escribo el libro que tienes en tus manos. Soy más consciente de lo que me conmueve. Me emociona ayudar a la gente encontrar significado o felicidad o lo que necesiten en sus vidas. Quiero compartir mis experiencias en este libro. Es una de las razones principales que decidí ayudar a otras personas: quiero ayudarlos a llegar a las decisiones que necesitan para poder tener una vida mejor para ellos mismos.

Quizás no te relacionas con todo lo que he estado diciendo, o tal vez con una parte solamente, o tal vez con la mayor parte. Lo importante es que encuentres algunos componentes de lo que está en este libro y en mi historia que realmente puedan ayudarte a hacer un cambio significativo, positivo e impactante en tu vida, de la misma manera que lo hizo en mí.

DÓNDE ESTOY AHORA

Todos estos antecedentes y todos estos capítulos, a este punto, sirven para decirte quién soy y cómo logré llegar aquí—todo me ha hecho quien soy, me ha traído a donde estoy hoy, y me hizo decidir ser un coach.

Lo interesante del coaching es que un coach no está allí para decirte qué hacer. El coach te va a guiar y ayudar a descubrir por ti mismo. De esa manera va a tener un impacto a largo plazo y habrá un cambio permanente en ti. Si te digo qué hacer en este momento, probablemente lo harías, pero eventualmente se te olvidará y realmente no harás el cambio necesario para encontrarte.

Creo que a veces nos ponemos perezosos y queremos la respuesta correcta inmediatamente, y he aprendido a través de mi propia experiencia que el proceso de coaching funciona porque va más allá. He estado entrenando para ser coach por dos años y medio y todavía estoy pasando por un montón de cosas. Entiendo ahora cómo funciona, y los cambios que estoy haciendo están basados en lo que siento que necesito hacer. Me siento más seguro tomando decisiones por mi cuenta en vez de hacerlo porque alguien me dice que lo debo hacer. En cambio, fui capaz de mirar dentro de mí y saber qué era lo correcto. Con este autoconocimiento, es obvio lo que debes hacer. Es lo que sientes que es correcto, basado en tu investigación, lo que sientes y las cosas que sabes de ti mismo.

El coaching realmente ayuda a resolver tus propios problemas y ayuda a fortalecer tu confianza. Cuando estás 'coached', te construyes a ti mismo, porque eres tú quien estás haciendo todo. Eres tú quien estás haciendo todo el trabajo.

Cuando estás 'coached', te construyes a ti mismo, porque eres tú quien estás haciendo todo. Eres tú quien estás haciendo todo el trabajo.

Todo lo que he hecho en mi vida es la suma de quien soy. Todo esto lo quiero compartir contigo, el lector, y con todos los demás que podrían beneficiarse y aprender de mis experiencias. Espero que todos mis lectores saquen algo de este libro.

No son tres pasos fáciles ni siete maneras de ser feliz. El coaching no es ese tipo de proceso de autoayuda. No proclamo ser un gurú. Por supuesto, hay ciertas cosas que debes hacer. Unas cosas funcionan para alguna gente, pero para otros no. ¿Pero quién decide, al final?

Eres tú quien decides

Creo que es uno de los mensajes principales que deseo enviar en este libro. Se trata de ti y cómo vas a decidir tu equilibrio entre el trabajo y la vida. ¿Cómo vas a integrar todo eso en tu vida? ¿Qué es cómodo para ti?

Nadie puede decir que estando en casa temprano tres días a la semana, o apenas un día a la semana, es perfecto para ti, porque tú trabajas demasiado, o viajas demasiado, o lo que sea que podría estar en el camino—tus obstáculos personales. Solamente tú puedes decidir eso.

No hay bien ni mal. A veces, vivimos como si hubiera una manera correcta y una manera incorrecta o algún modelo que debemos seguir.

¿Por qué? Recientemente, en una clase de psicología positiva, Tal, mi profesor, mencionó las reglas.

Las reglas tienen que ver con estar a tiempo y ser respetuoso de los demás en la clase. Es lo que se puede esperar, pero hizo algo interesante. Él dijo, "Sé que va a pasar y la gente va a llegar tarde y eso está bien". Él agregó, "Está bien. Solo este consciente y dese permiso para ser humano". Creo que a veces somos demasiado duro con nosotros mismos. Siempre estamos buscando la vida perfecta. Pensamos que debemos ser perfectos y nos frustramos cuando no seguimos adelante con todo. Como todos sabemos, nadie es perfecto. Hay reglas, pero a veces no podemos seguirlas todas cuando algo se nos interpone en el camino. La vida es así.

Y para mí personalmente, como un perfeccionista, me ha costado mucho tiempo darme cuenta de esto. Tal vez me arrepiento de algo y luego me doy cuenta que es un error que cometí y voy a aprender de él. No podemos todos ser perfectos; solo podemos tratar de ser perfectos, y en realidad no debiéramos ni intentarlo. Aprender de los errores en el camino es lo importante.

ALGUNOS EXITOSOS FAMOSOS QUE EMPEZARON COMO FRACASADOS

Pocos dudarían que Michael Jordan era uno de los mejores jugadores de baloncesto en todo el mundo. ¿Pero sabías que cuando no llegó al equipo de baloncesto de la escuela secundaria, Michael Jordan fue a una habitación y comenzó a llorar?

Otro exitoso famoso que empezó como fracasado es Steve Jobs de la compañía Apple. Una vez dijo que estaba deprimido cuando tenía treinta años, porque lo despidieron de la empresa que él había construido. Imagínate eso: despedido de la empresa que había construido. Pero él volvió a unirse a la empresa, por supuesto, llevándola a través de su mayor período de renacimiento y éxito.

Oh, y otro: Walt Disney. Él fue despedido de un periódico porque no tenía suficiente imaginación. Le dijeron que no tenía ideas originales. Ahora, por supuesto, todo el mundo desea emular a Walt Disney, uno de los genios más creativos que jamás vivió.

Puedo darte otro ejemplo del mundo de los medios de comunicación—una diosa icónica de la televisión, Oprah Winfrey. Años atrás, despidieron a Oprah Winfrey de su trabajo como reportera porque no sabía trabajar delante de la cámara— ¡sí, Oprah Winfrey!

PERO DE LOS FRACASOS UNO APRENDE A SER EXITOSO

Es una de esas cosas que aprendí a las malas. Necesito seguir adelante y saber que las cosas no van a ser perfectas. Por ejemplo, mi sitio web no está terminado, y no tengo ni idea de cuándo estará terminado. Sé esto, porque soy yo quien tiene que decidir terminarlo. Al esperar la perfección he paralizado el proceso, y tengo que tomar una decisión pronto. Haré mi mejor esfuerzo para tenerlo listo antes de que publique este libro.

También aprendí acerca de la teoría "suficientemente buena" y de ser diferente. Si quiero ser un gran escritor, podría leer a Shakespeare, Conrad o Hemingway para determinar qué es lo que los hace estupendo. Esto no significa que lo voy a hacer estupendo también. Lo que debo intentar hacer es tomar lo bueno de lo que están haciendo y ver lo que funciona y no funciona para mí en lo que estoy escribiendo.

No se trata solamente de palabras y forma, pero también en hacer lo mejor en todo lo que haces. Conozco a unas personas que son noctámbulos. No pueden formar pensamientos claros hasta que el sol desciende. Algunos escritores podrían funcionar mejor desde la medianoche hasta las 5:00 a.m., y podrían ser los mejores escritores del mundo. Tal vez estos autores encontraron el momento ideal para escribir. Eso es cuando las ideas le vienen y cuando son más creativos.

¿Cuál es el momento adecuado para mí? ¿Cuál es el tiempo más creativo para mí? ¿Cuáles son mis horas más productivas?

Bueno, si soy una persona mañanera, despertándome a las 5:00 a.m. y escribiendo hasta las 8:00 a.m., antes de que el mundo se despierte—mi tiempo de escribir tranquilo y pensativo—voy a usar ese tiempo, no el tiempo de otros escritores. Modela los comportamientos de otros. Aprende de los demás, pero hazlo de una manera que funcione para ti.

Modela los comportamientos de otros. Aprende de los demás, pero hazlo de una manera que funcione para ti.

Realmente, para mí, la mañana es mejor. Como ejemplo, estoy aquí escribiendo y trabajando a las 7:30 a.m. Trabajé en mi curso de psicología positiva y me preparé para estar más tiempo con este libro, con la cabeza y pensamientos claros y concentrados.

Todo el mundo tiene que ser consciente de su mejor momento. Porque funcionó para otro no quiere decir que va a funcionar para ti. Tienes que ser consciente de eso. Aprendí acerca de la meditación a través de mi formación como coach. Creo que mucha gente no toma un descanso, básicamente un descanso mental. La meditación te ayuda a tomar un descanso mental y estar allí con lo que venga.

No se trata de hacer que suceda. No se trata de las expectativas. No se trata de nada. Es un tiempo para meditar sobre lo que venga, y eso es todo. Podemos hablar de muchos tipos de meditación, pero es básicamente un descanso mental.

Lo importante cuando tratas de ser feliz es que no puedes apuntar inmediatamente al perfecto equilibrio entre el trabajo y la vida. No existe. Apunta para algo que tú puedes hacer razonablemente. Hazlo paso a paso. Haz la transición. Encuentra lo que funciona para ti.

Empieza a ser feliz, y en el camino, haz los cambios necesarios o giros que necesites hacer, lo que sea necesario para hacerte feliz.

Encontrando tu ser feliz

Estamos al final del libro, y me alegro que te hayas unido a mí en este viaje.

Aunque sé que para cada uno de nosotros puede ser algo diferente, quiero hablar de cómo alcanzar una vida feliz. Averigua lo que te hace feliz teniendo en mente que no hay ninguna pastilla mágica ni secreto mágico para la felicidad. Yo puedo mencionar muchas ideas que pueden ayudar a aumentar tu felicidad y ya lo he hecho a lo largo de este libro, pero sé que funciona diferente para cada persona.

Sabes que aunque te daría cien sugerencias de cómo ser más feliz, no puedes aplicarlos todos. Nunca vas a poder hacer cien cosas, y viviendo con reglas no vas a ser más feliz. Por el contrario, debes ser capaz de escoger lo que va a trabajar para ti, basado en tus sentimientos y tu tiempo. Es necesario comprender que todo depende de ti.

Para ser feliz, no puedes culpar a tu jefe; no puedes culpar al tiempo; no puedes culpar a tu cónyuge, tus hijos ni cualquier otra persona en tu vida. Al final del día, el responsable eres tú.

Comprendo que podrías enojarte cuando estés con alguien, y que en un día nublado te pongas triste. Sin embargo, la decisión de qué hacer con tus emociones depende de ti, de nadie más. Lo primero que debes ser consciente es cómo te sientes, y entonces debes decidir cómo vas a actuar basado en ese conocimiento. Depende de ti. Tú haces la próxima jugada, nadie más. Tienes que ser consciente de ti mismo y luego ser capaz de hacer los cambios necesarios para llegar al lugar donde quieres estar—feliz, realizado o lo que sea que quieres. ¿Cuál es tu objetivo? ¿Es adoptar una actitud diferente a las personas que te enojan, o tener un punto de vista más relajado acerca del ambiente, no importa si está soleado o tormentoso? Tú debes darte cuenta de que la forma en que reaccionas a las situaciones diferentes es lo que es importante. La reacción a tus propias emociones depende de ti.

Algunas preguntas que te puedes formular son: ¿Qué te hace feliz? ¿Qué te anima? ¿Es escribir? ¿Es hablar en público? ¿Es pasar tiempo con tu familia? ¿Es la natación, correr, mirar una buena película o simplemente pasar el rato leyendo un buen libro? Cualquiera que sea la respuesta para ti—énfasis en ti—trata de hacer más de eso mismo.

Está el ejemplo clásico de cómo comienza tu día. Mucha gente comienza su día viendo las noticias. ¿Qué ves en las noticias? Información negativa, crimen, estrés, esto y lo otro. Estás comenzando tu día de una manera negativa. ¿Estás trayendo esa ansiedad a tu trabajo o a tu familia? Intenta ser consciente de eso.

Hoy día, nuestras vidas pueden estar demasiado ocupadas. Estamos tratando de hacer demasiadas cosas. Y haciendo muchas cosas a la vez no solo es frustrante, pero también nos puede hacer más tontos. Hay estudios sobre esto. Un estudio realizado por un grupo de psicólogos de la Universidad de Londres (Glen Wilson, 2005) nos dice que mandar mensajes de texto o correo electrónico mientras hacemos trabajo que requiere concentración equivale a perder diez puntos de IQ.

Y haciendo muchas cosas a la vez no solo es frustrante, pero también nos puede hacer más tontos.

Es cierto, aunque parezca difícil de creer, porque después de todo, ¿no nos esforzamos a hacer multitareas, resolviendo más al mismo tiempo? El estudio de Leslie Perlow de 1999 sobre el "déficit de tiempo" concluyó que la introducción de momentos tranquilos sin interrupciones en el trabajo aumenta la productividad y el bienestar. Básicamente, el mensaje es que menos es más. Estamos intentando hacer demasiadas cosas y simplemente no funciona. No estamos logrando nada, aunque a veces sentimos que tenemos que hacer más. ¿Has sentido que cada tarea lleva más tiempo porque estás tratando de hacer dos cosas a la vez, considerando que tal vez haciendo una cosa a la vez será menos frustrante y quizás ahorras tiempo en general?

Hay muchas otras historias que te puedo decir, pero una que definitivamente quiero compartir es de uno de mis eventos de YPO. En la reunión, una persona comentó cuán bien y relajado me encontraba. Quería la fórmula. Lo que me hace lucir relajado es simplemente que busco mi propio camino hacia la felicidad. Pensé en todas las cosas que podría decirle, pero él tenía que encontrar su propia fórmula. Sin duda esa fórmula no se trata de cómo obtener más dinero en su vida. Ya está comprobado que, más allá de tener dinero para las necesidades básicas, el dinero no contribuye a la felicidad.

Lo que me hace lucir relajado es simplemente que busco mi propio camino hacia la felicidad.

Realmente necesitamos lo que Perlow llama "afluencia de tiempo"—riqueza de tiempo—la cual es, básicamente, la sensación de que tenemos el tiempo para hacer lo que queremos hacer. Afluencia de tiempo es un mejor indicador de bienestar que afluencia material.

Por supuesto, a menudo, una de las cosas que nos lleva lejos de nuestra afluencia de tiempo es la incapacidad de decir no. Para ayudar a otros, dices que sí a todo el mundo en el trabajo, en organizaciones de caridad, y al final, la persona a quien le dices que no es a ti mismo. Has dado tanto tiempo a los demás que, al final, no tienes tiempo para ti mismo.

Has dado tanto tiempo a los demás que, al final, no tienes tiempo para ti mismo.

Tenemos que empezar a vivir una vida más simple. Necesitamos trabajar en los niveles óptimos de simplicidad para ser más felices porque necesitamos poder disfrutar de lo que estamos tratando de hacer. Les daré está analogía: dos de mis canciones favoritas ahora son *Looking for Paradise* de Alejandro Sanz y Alicia Keys, y *Tengo Tu Love* de Sie7e. ¿Si les doy un diez a cada canción, significa que me sale un veinte si las pongo juntas?

No. La vida hoy día se trata de escalas: tratando de trabajar mientras revisas correo electrónico, mensajes de texto, pensando en esto y lo otro, tratando de hacer demasiadas cosas. Perlow tiene esta teoría que, en lugar de buscar la vida perfecta, debemos buscar la vida suficientemente buena. Agregar más no resulta en más. A veces, tenemos que renunciar a la perfección para encontrar felicidad, algo que nos han dicho que no es cierto, y por eso al principio esta teoría me sorprendió. ¿Suficientemente bueno? Suena como que no estás poniendo tu mejor esfuerzo, pero básicamente estás cambiando de perfecto a suficiente bueno y ese cambio te llevará desde la frustración a la satisfacción.

Lo suficientemente bueno. Creo que es un concepto importante. Necesitamos comprender que la perfección, o siempre desear perfección, es una forma de dilación. También tenemos miedo de presentar las cosas a la gente antes que sean "perfectas" y eso en sí mismo significa que nunca hacemos las cosas. La perfección me pone en espera. Me pone en espera, porque en mi búsqueda de la perfección nunca termino de hacer las cosas. Nunca sigo adelante.

No he conocido a nadie perfecto. Debemos darnos permiso para ser humanos. Debemos dar permiso para que otras personas con quienes nos relacionamos sean humanos también. Y eso ayudará, al final, en tu bienestar y tu búsqueda de la felicidad.

Debemos dar permiso para que otras personas con quienes nos relacionamos sean humanos también.

Como ejemplo, supongamos que tenemos dos columnas en una hoja de papel. Una es nuestra vida perfecta, la otra es lo que sabemos que podemos lograr. En una vida perfecta, tú tendrías seis noches a la semana de actividades con tu esposa. ¡Nadie tiene tanto tiempo! Así, como un ejemplo, mi esposa y yo tenemos trabajo y nuestros hijos, así que nuestro "date night" es una vez a la semana. Estos 'date nights', incluso, tienen algunas restricciones. Hemos cambiado el día de la semana para adaptarnos a nuestros horarios. No es perfecto, pero todavía lo logramos. Ese es el objetivo.

Vamos a ver otra situación. Tal vez, en una vida perfecta, pasamos un rato con nuestros amigos tres o cuatro veces a la semana. En una vida suficientemente buena, tal vez pasamos un rato con ellos una vez a la semana. Pasar tiempo con los hijos todos los días es perfecto, pero en una vida suficientemente buena, pasarás dos o tres días a la semana por la tarde y durante todo el día el sábado con ellos. Eso es más realista considerando que necesitas tiempo para trabajar y ganarte la vida. Al mismo tiempo, es un horario más realista porque no te frustras; no estás tratando de ser perfecto ni tratando de lograr algo que no es posible. Al hacerlo, todos ganan.

LO QUE COACHING SIGNIFICA PARA MÍ

Quiero compartir lo que funciona para mí en coaching y lo que me encanta hacer. Para mí el coaching es trabajo, desde el punto de vista que me hizo trabajar en mí mismo. Por alguna razón no tenía que trabajar en mí mismo antes. A través del coaching, por primera vez, miré dentro de mí de una manera profunda.

¿Qué iba a hacer acerca de cómo me sentía? ¿Qué me iba a mover a mí y a mi trayectoria profesional? Me alteró la vida. Hice lo que sentía era correcto para mí, por ejemplo, me convertí en un coach después de que trabajé con otros coaches. En mi sociedad y entre mi grupo de amigos esto fue algo muy diferente, algo raro porque la gente tiene una idea de cómo debería ser un trabajo, cómo deberían parecerse a una oficina de empresa y todas aquellas cosas, y cómo se debe mantener o empezar un negocio.

La actitud de los otros era algo con la cual tenía que trabajar. Cuando hablas con personas que no tienen ni idea de lo que es un coach es como "¡Wow!" Te miran con una cara divertida que parece preguntar, "¿En qué te metiste?" La gente tiene una idea fija de cómo debería ser el trabajo. Escuchan estas voces externas y no a su voz interior, la cual es la que importa.

Escuchan estas voces externas y no a su voz interior, la cual es la que importa.

Realmente creo en lo que estoy haciendo, y los cambios que he ayudado a la gente a realizar en sí mismos me dan fuerza para seguir adelante. Estoy anticipando hablar de lo que hago como coach. Hablar y escribir sobre todas esas cosas es lo que me encanta hacer. Es lo que me emociona. Es lo que me da vida. Como dice mi hijo, tengo un trabajo muy aburrido porque todo lo que hago es hablar por teléfono.

Tengo que ser consciente de eso, y sé que me anima. Me ayuda a ser un mejor padre. Sé que me ayuda a ser un mejor marido porque estoy haciendo lo que me hace feliz. Al mismo tiempo, debido a lo que hago, aprendo mucho más de mí.

Estoy continuamente aprendiendo acerca de la vida, el estado del ser humano, de todos mis clientes, de todas las personas con quienes me relaciono. Realmente ha tenido y sigue teniendo un gran impacto en mí.

Yo era una de esas personas a quien le gustaba decir a los demás lo que debían hacer. Era un jefe, después de todo. Pero entre las cosas que aprendí en el entrenamiento de coaching es que, más a menudo, cuando a la gente le dices lo que debe hacer en términos de consejo personal, especialmente cuando no es solicitada, lo están haciendo por bondad y preocupación. No necesariamente quieren hacerte ningún daño. Piensa en una tía o una amiga quien se preocupa de ti. Esa persona tiene tus mejores intereses en el corazón.

¿Pero sabes qué? En primer lugar, probablemente no es una buena idea hacer eso. En segundo lugar, la mejor manera de ayudar es compartir tus propias experiencias y lo que has aprendido de ellas para que otros puedan tomar de las mismas lo que sienten podría funcionar para ellos. Explica, da un ejemplo, o varios, y tómalo desde allí. Deja que la otra persona decida.

Creo que debemos ir por la vida mirándolo de esta manera: ¿Qué puedo aprender de esta situación? ¿Qué puedo aprender de esa persona?

El pensar en nuestras acciones nos ayudará a tomar las decisiones que nos llevan a una vida mejor con más satisfacción y felicidad. Piensa en dónde estás ahora y a dónde quieres ir. ¿Tienes un plan para tu vida, o simplemente dices, "voy a trabajar y cuidar de mi familia?".

Vamos a entrar en más detalles. ¿Qué significa el trabajo? ¿Qué significa cuidar de tu familia?

¿Deseas ahorrar dinero para la educación universitaria de tus hijos? ¿Van a obtener una beca o ayuda financiera? ¿Quieres trabajar para ahorrar dinero para un viaje con tu esposa o con tu familia? ¿Qué es lo que quieres de la vida? ¿Qué es lo que deseas lograr?

¿Qué es lo que quieres de la vida?

¿Cómo vas a criar a tus hijos? ¿Tú y tu cónyuge están en la misma página acerca de cómo educarlos? ¿Cuáles son tus expectativas para cuando ellos sean adultos?

Si no hablas y piensas en esas cosas, ¿quien lo va a hacer por ti? Piénsalo. ¿Quién va a hacer eso para ti? Comparto crédito en este libro con otros que me han señalado cosas, incluyendo a Tal, los de YPO quienes realmente me han ayudado a guiarme a través de mi vida, a mi madre y a otros. Anoté mis valores y los leo casi todos los días. Mi lema, mi credo, está al lado de mi computadora. Me doy cuenta de mis valores y en lo que creo, y eso me da una manera de comprobar mi propio sistema de valores.

Verifico mi credo todo el tiempo para asegurarme de que estoy siguiendo el camino que elegí para mí, no un camino descrito en libros, sino lo que he decidido hacer yo solo. Mis valores son una combinación de lo que he reunido desde mis propias experiencias, lo que he aprendido de otras personas, lo que he recogido de libros que he leído, y lo que he aprendido de todas las interacciones con diferentes personas en todo el mundo. Al final, sin embargo, las creencias son mías, todas mías.

Por eso te invité a ti, el lector, a crear tu propio conjunto de valores, tu propio credo. Creo que vas a ser muy feliz y sorprendido por el resultado de estos ejercicios.

Y crear un credo puede alterar tu vida en tantas otras formas. El examinar mis valores ha realizado una gran transformación en mi vida en la que cambié el negocio de seguros, donde debía vestirme con una chaqueta y corbata cada día, al otro lado del espectro.

Ahora voy a trabajar en jeans. ¿Y para las camisas? En realidad, me visto en guayaberas de Panamá, de donde es mi esposa, y me siento muy cómodo. Voy a la mayoría de mis funciones vestido así. Si me quiero arreglar un poco, me pongo una camisa de manga larga. Si quiero tomarlo un paso más, me cambio a otro tipo de camisa y pantalones.

Lo interesante es que, antes que vendiéramos la compañía, apenas me vestía en jeans. El otro día me di cuenta que ha sido mucho tiempo desde que me he vestido formalmente, no solo con chaqueta y corbata, pero realmente formal, para un evento, y me pregunté si es algo que debería hacer.

Me respondí: Es bueno hacerlo de vez en cuando, si quiero, pero no es algo que necesito. Para mí fue una sorpresa cuando me di cuenta, "¡Wow! Hace tiempo que no me he vestido formalmente cuando antes era mi orden del día".

Esto significa que me estoy volviendo más como quien soy yo. Estoy encontrando el yo con quien estoy cómodo. Y es una sensación maravillosa.

Estoy encontrando el yo con quien estoy cómodo. Y es una sensación maravillosa.

Les daré otro ejemplo, esta vez de un almuerzo formal de premios de negocio aquí en Puerto Rico. Yo sabía que todo el mundo iba a vestirse en chaqueta y corbata. Decidí, "bueno, no voy en jeans pero simplemente voy en pantalones de vestir y una camisa de manga larga". Cuando llegué allí, me quede muy sorprendido. Había olvidado que todos los demás iban a estar en traje oscuro.

Aún así, estaba bien. Vi a algunos en chaquetas deportivas porque pensaban que debían llevarlos y vi lo incómodo que se veían. No lucían bien porque las chaquetas deportivas no le pegaban a sus personalidades.

Vi al expresidente de mi banco. Él era el más alto del salón. Me miró y comenzó a acercarse. "Jofi, ¿sabes qué?" Estaba en su chaqueta y corbata, aspecto muy profesional. Se ajustó su corbata, como si estuviera demasiado apretada, y dijo, "yo quería venir vestido tal como tú, pero no tenía las bolas para hacerlo". Con una sonrisa le dije, "Bueno, la próxima vez, me llamas y venimos juntos. Te sentirás cómodo".

Me alegré que fuera capaz de decirme eso.

Mira, si realmente necesito estar en chaqueta y corbata, me vestiría con chaqueta y corbata. Sé diferenciar entre el bien del mal, y tengo la capacidad de vestirme adecuadamente para cualquier ocasión y estar a la altura de las circunstancias. No estoy diciendo que no voy a hacer eso, y no estoy sugiriendo que te vistas de cualquier forma que desees para ciertas funciones específicas, desobedeciendo códigos de vestimenta. No, eso no es lo que estoy tratando de decir. He decidido que esto es para mí. Cuando voy al trabajo, lo puedo hacer por el tipo de trabajo que estoy haciendo ahora, y porque esta es mi decisión. Es lo que elegí, y me siento cómodo con ella. No hay nada malo en ello. Pero tomó mucho tiempo para mí poder sentirme así.

Así es la manera en que me visto ahora, y con el trabajo que tengo lo puedo hacer. Si tú trabajas en un banco o en cualquier lugar con el público, puede ser que tengas un código de vestimenta. En mi tipo de trabajo realmente no importa cómo me visto. Lo importante es la capacidad de realizar cambio en las personas. No tiene nada que ver con mi vestimenta ni de qué marca son mis ropas ni cómo me veo. Se trata del impacto que tengo en los sentimientos de una persona a través de mis palabras y acciones, a través del plan de vida que hemos formado para esa persona. No se trata de mi traje ni de mi corbata.

CONVIRTIÉNDOME EN UN COACH

A veces, este cambio de un trabajo "real", como tanta gente lo llama, a un coach, parece algo difícil de entender. Sin embargo, como una persona de negocios, como un buen líder, ayudas a las personas a hacerlo en el trabajo todo el tiempo. No estoy hablando de decirle a la gente qué hacer, sino que por el contrario, los guío en la toma de las decisiones correctas, para que sean dueños de sus propias decisiones. Eso es ser una gran líder, director, presidente, jefe. Ser un buen coach implica los mismos principios. No estamos señalándole a las personas las cosas que tienen que hacer. En definitiva hay un aspecto negativo en hacer eso. En cambio, un buen coach intenta hacer que la gente sea consciente de lo que están haciendo y de las decisiones que están tomando cada día.

En cambio, un buen coach intenta hacer que la gente sea consciente de lo que están haciendo y de las decisiones que están tomando cada día.

¿Son esas decisiones las correctas para ellos? ¿Y si piensan un poco más sobre su día y algunas de sus decisiones, serían más eficientes? ¿Serían más felices? Esas son las cosas que un coach hace y piensa. Eso es lo que he aprendido a hacer. Incluso como coach, aprendo todos los días de mis clientes.

Me di cuenta, cuando estaba siendo 'coached', que tenía el llamado a ser también un coach. Cuando hablo con la gente acerca de lo que estoy haciendo, me encuentro con muchas personas que quisieran hacer lo mismo. Sienten que tienen esa llamada, y me dicen que saben que una vez que llegue el momento para cambiar sus vidas y hacer algo más, coaching es algo que realmente les gustaría hacer

Creo que llega al punto donde a veces estamos en carreras profesionales que ya no nos atraen, o tal vez nunca nos trajeron significado a nuestras vidas. El ser humano, en su estado natural, es generoso y cariñoso. Cuando estás coaching, estás ayudando a otros a convertirse, superarse, alcanzar, o lo que sea que están tratando de lograr.

Estás realmente ayudándote a ti mismo porque estás dándole significado a otras personas y, a su vez, te trae significado a ti también.

Al mismo tiempo, mientras estás coaching y ayudando a los demás, estás realmente ayudándote a ti mismo porque estás dándole significado a otras personas y, a su vez, te trae significado a ti también. Su propio bienestar mejora; su felicidad mejora; y su satisfacción mejora, porque estás haciendo trabajo con verdadero valor y significado. Estás haciendo algo con un impacto positivo en este mundo. Creo que necesitamos más de eso para vivir una vida feliz y saludable.

La satisfacción que tengo de ayudar a los demás como coach es algo que no se puede medir. Es algo que se extiende porque mientras más satisfecho me siento, más significante es mi trabajo. Es un ciclo de autoalimento, en el que mientras más feliz estoy, más feliz están lo que están a mi alrededor. La experiencia de cada persona con la que vengo en contacto es más positiva. Ellos se sienten más satisfechos que antes.

La frase "llena el cubo" significa que agregas a la vida de las personas, llenas sus "cubos". Por otra parte, la frase "quitar del cubo" significa que robas de sus "cubos". Llenar sus cubos es lo que hago en cada interacción que tengo con cada uno de mis clientes.

Esto suena como si se trata de dinero, pero realmente significa que siendo negativo quitas algo de la otra persona en la interacción. Al llenar los cubos de otras personas, traes felicidad y energía positiva para ellos. ¿Qué tal con la gente? ¿Cómo son los que te rodean? ¿Te has entrenado para estar cerca de los que llenan tu cubo, evitando aquellos que te roban? La pregunta que debes hacer es si tú llenas los cubos de otras personas con cada interacción. ¿Agregas algo positivo o robas de sus cubos? Lo miro de la manera que en cada interacción que tengo con alguien, me pregunto: ¿Cómo me estoy comportando, cómo estoy interactuando con esa persona? Quiero dar valor a la vida de otras personas a través de la mía.

¿Te has entrenado para estar cerca de los que llenan tu cubo, evitando aquellos que te lo roban?

¿Cómo llenas el cubo de otra persona? Puede ser muy simple. Dices buenos días y das una sonrisa al cajero en el supermercado, en la farmacia, en la gasolinera. Es quien soy, y eso es lo que trato de hacer cada día.

AHORA ES TU TURNO: ENCUENTRA TU SER FELIZ

Este libro presenta mi historia—lo que aprendí en mi viaje para encontrar mi "ser feliz". He compartido esta historia "por escribirse" con la esperanza de que tendrá un impacto positivo en tu vida.

¿Cuál es tu historia que esta por escribirse? Te animo a tomar unos minutos para pensar en la vida que estás viviendo. Ahora, piensa en la vida que quieres vivir.

Pregúntate:

- ¿Estoy viviendo mi vida en "cruise control"?

- ¿Qué es lo que realmente quiero?

- ¿Qué es lo que me hace feliz?

- ¿Qué pequeño gesto o acción puedo hacer ahora para vivir una vida más feliz y más significativa?

Como coach, guío a adolescentes, jóvenes, empresarios y adultos exitosos para investigar esas preguntas persistentes. Al trabajar como un equipo con cada cliente, identificamos los valores personales, aclaramos su propio camino y establecemos metas específicas y emocionantes. Impulsados por una meta irresistible, se despiertan entusiasmados a trabajar en ello todos los días. No están a la deriva, tienen una dirección. Y viven una vida llena de pasión, significado y propósito.

Creo sinceramente que puedes vivir una vida de pasión, significado y propósito. Y tú puedes ser feliz. Te animo a continuar el camino para encontrar tu "ser feliz".

Un abrazo,
Jofi

¿Cómo se puede utilizar este libro?

MOTIVAR

EDUCAR

DAR GRACIAS

INSPIRAR

PROMOVER

CONECTAR

¿Por qué tener una versión personalizada de *Por escribirse?*

- Construir lazos personales con clientes, perspectivas, empleados, donantes y distritos electorales clave

- Desarrollar un recordatorio de su evento, hito o celebración

- Proveer un recuerdo que inspira cambio en el comportamiento y cambio en la vida

- Entregar el regalo de gracias ultimo que queda en formato de libro las mesas de café y estanterías

- Generar el factor de "wow"

Los libros son regalos reflexivos que proporcionan un sentimiento genuino los cuales otros artículos promocionales no pueden expresar. Ellos promueven la interacción y discusiones entre empleados, refuerzan la significación o ubicación de un evento y hacen una impresión duradera. Usa su libro para decir "Gracias" y mostrarle a la gente que le importa.

Por escribirse está disponible en cantidades a granel y en versiones personalizadas con descuentos especiales fines corporativos, institucionales y educativas. Para obtener más información por favor contacte a nuestro equipo de ventas especiales al:

1.866.775.1696 • sales@advantageww.com • www.AdvantageSpecialSales.com

Printed in the USA
CPSIA information can be obtained
at www.ICGtesting.com
JSHW012054140824
68134JS00035B/3435